**BUCHVERLAG
ANDREA SCHMITZ**

Die Deutsche Bibliothek — CIP-Einheitsaufnahme

Oswald, Peter:
Fische aus dem Gedankenfluss
1. Auflage — Egestorf: Schmitz, 2006
ISBN 978-3-935202-30-5

1. Auflage: 2006

Copyright: Buchverlag Andrea Schmitz
Titelgestaltung: Erik Kinting
Innenillustrationen: Peter Oswald

ISBN 978-3-935202-30-5

Peter Oswald

Fische aus dem Gedankenfluss

Dieses Buch widme ich meiner Seelenverwandten Gabriele Zürcher, die mich mit ihrem kreativen Gespür immer wieder beflügelt und durch feinfühlige Kritik zurecht gestutzt hat, meinen Kindern Jessica und Robin, die während des Schreibens oft auf gesundes Essen verzichten, und sich mit Fastfood ernähren mussten, meiner lieben Mutter, die trotz schlechter Zeiten immer an mich geglaubt hat, dem Autor Be Gloor, der mich zum Weiterschreiben ermunterte und mit seiner Sprachakrobatik nicht nur lautlos lachen, sondern laut loslachen liess, meinem Freund Edel Zimmerli, der immer ein offenes Ohr oder Maul hatte und natürlich Dr. Jus ...

Vorwort

Selbstfindung – was für ein Wort. Da taucht doch gleich das Bild des Brillenträgers auf, der denkt seine Brille verlegt zu haben und nicht bemerkt, dass er sie auf der Nase trägt.
So suchte auch ich lange Zeit nach Anerkennung, wollte geliebt und akzeptiert werden, bis ich merkte, dass ich selbst es war, der Mühe damit hatte.
Das vorliegende Buch erzählt die Geschichte meiner Suche nach innerer Weisheit, meiner Erfahrung mit der erstarrten Form des Suchens: der Suche mit dem kleinen Kreuz dahinter (Such †). So erkannte ich, dass der Versuch sich mit Drogen zu entwickeln, unweigerlich durch den Egoismus, der für die Gier und das Verlangen verantwortlich ist, zum scheitern verurteilt ist.
Wegweisend auf meiner Reise vom Dunkeln ins Licht war mein Homöopath Dr. Jus, der mich mit seiner verständnisvollen Art, seiner natürlichen Autorität, seiner Menschlichkeit, Liebe und Weisheit stark beeindruckte.
Er verstand es mich Dinge entdecken zu lassen, die mich auf dem Weg zur inneren Harmonie bestärkten und Ruhe finden liessen.

Peter Oswald

Der Klavierstimmer hat die Harmonie im Klavier wiederhergestellt; dabei hat er nichts hinzugefügt und nichts weggenommen, und trotzdem ist die Harmonie wieder da. Ein Vorgang, der demjenigen unerklärlich bleibt, der sich nicht denken kann, dass etwas dem inneren Auge sichtbar ist.

J. T. Kent

Vom Alltag eingeholt — *Donnerstag 20. Juli, 7.15 Uhr*

Das wichtigste in Kürze ...
Es war schon fast Mittag, als ich aufwachte. Die Sonne schien mir mitten ins Gesicht ... es war heiß ... ich musste kotzen ... So ist das Leben, dachte ich und ging weiter die Strasse entlang, als ob nichts gewesen wäre ... Auf dem Weg nach Hause fiel mir ein, dass ich heimatlos war ... deshalb zog ich meine Turnschuhe aus und roch kräftig daran ... sogleich ging es mir besser ...
Dann ging ich weiter ... mir war kalt ... langsam schloss ich die Tür des Tiefkühlraums und suchte nach der Abkürzung ... als dann die Sonne langsam unterging, kletterte ich zurück in mein Luftschloss und überlegte mir, wie schnell doch so ein Tag ohne Geld verstreichen kann ...

So oder ähnlich könnte man meinen damaligen Lebensstil am ehesten beschreiben ... ziemlich wirr und abgehoben ... offen für alles ... doch das war vorbei ...
Schon vor einiger Zeit hatte ich mich zurückgezogen, in mein bescheidenes Studio verbarrikadiert ... ich musste meine Gedanken ordnen, zu viel war geschehen, zu viel unverarbeitet geblieben ... es war, als ob mich die Zeit eingeholt hätte und mich zum Nachdenken zwang ... immer wieder kamen diese Erinnerungen hoch wie Luftblasen, die aus der Tiefe eines Sees aufsteigen, an der Oberfläche zerplatzen und einen üblen Geruch verbreiten.
Und wieder setzte ich mich an den Computer, um zu schreiben ... auszudrücken was mich quälte ... Licht ins Dunkel zu bringen ...

Und jetzt liege ich da, gequält von dunklen Gedanken, Erinnerungen, die wie offene Wunden schmerzen, mich mit nicht zu stoppenden Depressionen wälzend und keinen Lichtschimmer sehend ...
Immer die selben Wände, die selben Bilder, Möbel, Teppiche, Decken und vor allem diese beschissenen Erinnerungen ...
Vor nicht all zu langer Zeit verglich ich das menschliche Gehirn mit einem Computer, den wir vorwiegend zum Speichern von

Daten benutzen ... damals wertete ich diese Eigenschaft positiv ... jetzt jedoch würde ich mich über einen Absturz freuen, denn ich kann beim besten Willen die Funktion zum Löschen nicht aktivieren ...
Diese schneidenden Gedanken hatten Widerhaken ... immer wieder diese Vorstellung, den Kopf gegen eine Wand zu schlagen ... Das mein Gehirn kaum zu bändigen war, wusste ich schon ... ich kannte es allerdings mehr im Zusammenhang mit meiner Phantasie, die aus der kleinsten Information die wildesten Storys entstehen ließ ... Damals vermisste ich die Löschtaste nicht so sehr, weil ich noch die Funktion mit der grauschen Unschärfe hatte ... mit ihr konnte man zwar nichts ungeschehen machen, aber es verschwand für eine Weile vom Bildschirm ...

Angefangen hatte es mit dem Ende einer Beziehung ... ich war am Boden zerstört, trank Unmengen von Bier, um mich möglichst narkotisiert zu halten ... mich ekelte vor mir selbst ... ungepflegt, keine Lust zu nichts glotzte ich TV und wartete, bis endlich der Umzugstermin kam ... Ich versuchte mich im Selbstmitleid zu ersäufen, doch irgend jemand streckte mir immer noch rechtzeitig einen Strohhalm zum Atmen hinunter ...
Meine Kinder halfen mir beim Umzug, sogar meine Frau ... irgendwie wussten wir wohl alle, dass es das Beste war. Obwohl ich mich freute, ließ es mein Kopf nicht zu, fröhlich zu sein ... er wollte leiden ... denn Leid hat auch seine guten Seiten. Die Melancholie, diese mit trauriger Musik und dumpfem Licht weinerlich in einer Ecke sitzende Stimmung ... wie man sie aus der Pubertät kennt ... wenn man die Erfahrung macht, dass die große Liebe eben nur die erste große Liebe war ...
Nach einiger Zeit hatte ich mich eingelebt und die Gedanken an die Vergangenheit wurden von jenen an die Zukunft übertönt ...
Meine Frau hatte es geschafft, mich über längere Zeit vom Konsum leichter Drogen fernzuhalten und meine Aufmerksamkeit auf andere Dinge im Leben zu lenken, wofür ich ihr auch dankbar bin ... aber jetzt hatte ich ein Nachholbedürfnis und besorgte mir, bei einem Freund, den ich seit Jahren nicht besucht

hatte, einen Sack voll Gras ... Er hatte selbst eine Familie, kannte die Probleme einer Ehe und versuchte sich das Leben auf ähnliche Weise vergnüglich zu gestalten ... Ich besuchte ihn jetzt öfters, denn mein Grasverbrauch steigerte sich stetig ... einmal kamen wir auf Ecstasy zu sprechen, und da ich schon immer daran interessiert war, die Wirkung kennen zu lernen, kaufte ich ihm zwei davon ab ...
Ich nahm die Pillen am selben Abend ... nicht miteinander, aber beide ... es war unbeschreiblich ... ich verliebte mich in das Bild, das ich malte und wollte, dass es immer so bleiben möge ... das war jedoch nicht der Fall und die Realität war ernüchternd ... Es vergingen keine zwei Tage, bis ich erneut meinen Freund aufsuchte, um Nachschub zu besorgen ... es war einfach so geil, dass ich es wieder haben wollte ... Das Problem jedoch ist: Es wird nie wieder so wie beim ersten Mal, doch das will erst aufs Genaueste getestet sein ... Von auffälligen Nebenwirkungen hört man wenig, wenn es einem um des guten Gewissen willen lieber ist, nichts davon zu erfahren ... Auch eine Packungsbeilage gibt es nicht ... es war mir angenehmer, nichts davon zu wissen, denn mit dem Gedanken, abhängig, depressiv, irr oder impotent zu werden, lässt es sich nicht unbeschwert genießen ...
Natürlich wusste ich trotzdem, dass alles seinen Preis hat, auch wenn ich es verdrängte, denn dieser Lektion konnte man im Lande der Preisschilder trotz Aktionen und Rabatten nicht entkommen ...
So kam es, dass ich Stammgast in einem für seinen schlechten Ruf bekannten Technoclub wurde ... Sonntag für Sonntag, einem treuen Kirchgänger gleich, konnte man mich dort, wenn auch nur für kurze Zeit, in den modrigen Räumen zwischen abgefahrenen, ebenfalls nimmersatten, zähneklappernden Leuten nach einem Dealer Ausschau halten sehen ... Ohne Drogen wäre es der Technoszene wohl kaum gelungen, so lange zu existieren ... nicht dass die Musik schlecht wäre, aber zum richtigen Verständnis sollte man doch einmal eine Pille genommen haben ... denn es verhält sich etwa so wie bei diesen 3D-Bildern, die man erst nach längerem Hinsehen erkennt ... es eröffnet einem einen tieferen Einblick ...

Grundlos oder auf Kommando glücklich zu sein, hat natürlich seinen Preis ... es ist etwa so, wie wenn man das Konto überzieht ... man bezahlt dafür Zinsen und die sind im Vergleich zum Gebotenen relativ hoch ... Um dann besser oder beschwerdenfreier durch die Woche zu kommen, benutzt man dann Dämpfer wie Alkohol oder Haschisch ... und je näher das Wochenende, desto besser geht es einem ... Woche für Woche, Monat für Monat ...
Da die Wirkung immer mehr nachlässt, nimmt man zusätzlich Speed, LSD, Pilze, Hasch, Gras, Bier, Wein, Unmengen von Zigaretten, Kaffee, Kokain ... kurzum alles, was einem in die Finger kommt, um sich voll zu dröhnen ... So wird dann der bekiffte Zustand zur Standardeinstellung ... den Speed braucht man, damit man nicht dauernd müde ist vom Kiffen ... die Pillen, um die Depressionen zu unterbrechen und nicht dauernd grundlos zu weinen ... und LSD für besondere Anlässe ... man merkt gar nicht, wie man immer nervöser und aggressiver wird ... es ist, als ob man alle Nerven offen legen würde ... Die kleinsten Unstimmigkeiten lassen einem ausflippen, man hat jedoch das Gefühl, alles unter Kontrolle zu haben und im Recht zu sein ...
Im Nachhinein erzeugt es Scham und Pein, zu sehen, wie mich die Drogen verändert hatten ... zu sehen, wie man auf der untersten Ebene zu funktionieren begann ... von Lüsternheit und Gier gelenkt ... anfangs war es befreiend, dann wurde es schmierig und dreckig und endete in Gefangenschaft ...

Weisheit im Schafspelz — der Auftrag

Das Telefon klingelte. Ich wollte nicht abheben. Nach dem fünften Schrillen setzte der Anrufbeantworter ein und ich konnte meine Stimme auf dem Band hören: "Alles was sie jetzt sagen, kann und wird gegen sie verwendet werden!" – Tüüüt –
Es knackte in der Leitung. Für einen Moment blieb es still.
"Hier ist Coni, hallo," ... er schien über meine Ansage nicht sonderlich verwundert zu sein, "ich habe einen Hintergrund für einen Fotografen zu malen. Zirka zweieinhalb mal fünf Meter. Ruf mich möglichst bald zurück. Bis dann." – Tüüüüt –

Eine Mischung zwischen den Fingern zu einem Joint verarbeitend, ignorierte ich den Anruf.
"Nicht jetzt!" Ich hasste es, in meinen Drogenexzessen von der Wirklichkeit begrapscht zu werden.
Obschon die Rollos geschlossen waren, drang durch die Zwischenräume der Lamellen Sonnenlicht herein.
Ich malte schon über vierundzwanzig Stunden ohne nennenswerte Unterbrechung, die Beine schmerzten und vor meinen Augen begann es zu flimmern. Aus solchen Zuständen mit der Wirklichkeit in Kontakt zu treten, war für mich schlimmer, als in den Ferien von der Arbeit zu träumen.
Da ich mich vollends darauf verließ, dass mir alles was ich brauchte, vom Universum zur Verfügung gestellt wurde, entschied ich: "Was von Außen auf mich zu kommt, nehme ich an. Zudem kommt es wie immer im richtigen Moment."
Im Wissen, dass ich bald wieder zu Geld kommen würde, genehmigte ich mir noch eine Linie Speed, spülte mit Bier nach und inhalierte Rauch. Dann tauchte ich den Pinsel in die Farbe und machte mich wieder an der Leinwand zu schaffen. Wie ein Mantra rezitierend wiederholte ich in Gedanken fortwährend den gleichen Satz: "Gott malt durch mich ... Gott malt durch mich ... Gott malt durch mich ... " Dabei ging es mir darum, meine Gedanken zu kontrollieren und mich soweit zu entselbsten, dass nicht mehr ich es war, der malte, sondern, dass durch mich gemalt wurde.

Der Aufstieg — mit Staub vermischter Schweiss

Die letzten Meter stieg ich etwas schneller die Anhöhe hinauf, mit der Vorfreude auf eine bombastische Aussicht. Ich war seit einiger Zeit unterwegs, genau genommen seit meiner Geburt, aber so weit möchte ich nicht ausholen, obschon alles damit zusammenhing. Ich wischte mir den Schweiß von der Stirn, bevor er mir erneut in die Augen lief. Der Aufstieg hatte sich über mehrere Stunden dahin gezogen. Der Boden war trocken, steinig und rau, mit karg bewachsenem Buschwerk versetzt, das mit Dornen überwuchert war. Der mit Staub

vermischte Schweiß trocknete in der leichten Brise auf meiner Haut. Es war immer noch ziemlich heiß ... dem Sonnenstand nach musste es etwa vier Uhr sein.
Jetzt konnte ich die ganze Ebene überblicken, eine unglaubliche Weite tat sich vor mir auf, die in der Unendlichkeit zu verschwinden schien. Ich setzte mich auf einen der zahllosen grau-gelblich schimmernden Felsbrocken, die von der Sonne aufgewärmt waren, und gönnte mir einen Schluck von dem kostbaren Wasser, das ich die letzten Stunden so mühselig hinauf geschleppt hatte.
Es waren schon einige Tage vergangen, seit ich die Zivilisation hinter mir gelassen und den letzten Kontakt mit einem menschlichen Wesen hatte. Jetzt, wo ich so in die Ferne blickte, konnte ich sehen, wie vieles hinter mir lag, es war nicht nur die Distanz, die ich offensichtlich zurückgelegt hatte, sondern meine Vergangenheit, diese alten Geschichten, oder war es doch eher so, dass man sie immer mit sich trägt auch wenn man sie längst vergessen glaubt.
Jedenfalls lagen die menschlichen Beziehungen, die Partys, die Drogen, der Alltag und die unersättliche Lust der Konsumgesellschaft weit hinter mir, was blieb, waren die Erinnerungen.
Es war ein gutes Gefühl, die Sonne auf der nackten Haut und den Wind in den Haaren zu spüren, vermischt mit der Befriedigung, die durch die körperliche Leistung ausgelöst wurde. Ich hatte nur das Nötigste mitgenommen und war bereit, mich auf die göttliche Vorsehung zu verlassen und alles mir Entgegentretende dankbar anzunehmen, soweit die Tritte nicht unter der Gürtellinie landeten. Die Ruhe vermischte sich mit zirpenden Grillen, krächzenden Vogelstimmen und sich im Winde wiegenden Blättern. Mir fiel die ältere Frau an der Tankstelle ein:
"Sie scheinen die Ruhe in der Einsamkeit zu suchen", hatte sie zu mir gesagt, als ich bei ihr meine Einkäufe bezahlte. Ich schätzte sie Mitte fünfzig, sie hatte langes, graumeliertes Haar, das sie zusammengebunden trug, war von knochiger Statur und in ihrem Gesicht konnte man ein erlebnisreiches Leben ablesen, was sie sehr interessant erscheinen ließ. Schon beim Volltanken meines Wagens hatte ich bemerkt, dass sie mich beobachtete, ließ mir jedoch nichts anmerken oder versuchte zumindest locker

zu bleiben. Als ich dann vor ihr stand und in ihre dunklen Augen schaute, berührte es mich sonderbar.
"Mag sein," hatte ich knapp geantwortet, um mein Erstaunen zu verbergen.
"Sie wollen auf das Hochplateau? Man sagt, dass einem die schmerzlichen Erinnerungen im Schlaf genommen werden, wenn man dort übernachtet."
"Ach ja?" war meine überraschte Reaktion, denn etwas Derartiges hatte ich nie zuvor gehört. Sie musste die Entschlossenheit in meinem Gesicht gesehen haben, als sie bemerkte: "Sie sehen aus, als ob Sie einiges zurück zu lassen hätten. Sind Sie sich sicher, dass Sie bereit dazu sind?"
An dem Punkt war mir langsam unheimlich zumute ... woher wusste sie so viel, oder war es reine Spekulation?
"Wie meinen Sie das?" hatte ich verunsichert gefragt.
"Das werden Sie selbst erfahren müssen," war alles, was sie mir darauf antwortete. Ich bezahlte meine Einkäufe, als mein Blick auf einem Kleber an der Kasse haften blieb:

Ein unfreundlicher Mensch sollte keinen Laden haben

war darauf zu lesen.
"Ich wünsche Ihnen alles Gute," verabschiedete sie sich, mich eindringlich ansehend, als ob sie mich durchleuchten würde.
Nachdem ich wieder im Auto saß und nach ihren Anweisungen Richtung Berge fuhr, überkam mich ein leichtes Frösteln beim Gedanken, woher sie das wohl alles wusste. Alles kam mir so unwirklich, fast wie im Traum vor, als ob es nie geschehen wäre.
Ob einem die quälenden Erinnerungen wohl wirklich im Schlaf geraubt wurden und wollte ich das überhaupt? Hatte ich denn wirklich so viele schmerzliche Erinnerungen oder Erlebtes, das noch nicht verarbeitet war? Ich versuchte mich darauf zu konzentrieren.

Weisheit im Schafspelz — Auszeit

Es war die erste warme Sommernacht in diesem Jahr. Ich schaute auf die Uhr.
Schon 2.00 Uhr, Zeit für eine Pause, dachte ich zufrieden das Bild betrachtend, an dem ich den ganzen Abend gemalt hatte.
Ich stieg ins Auto, öffnet das Blachenverdeck bis zum Überrollbügel, legte ein Tape ein und überlegte, wo es am schönsten wäre, einen Joint zu rauchen.
Vom Parkplatz musste ich noch ein Stück zu Fuß gehen, um den höchsten Punkt zu erreichen. Dort setzte ich mich auf eine Bank und schaute in die Ferne. Die Lichter weit unter mir erinnerten mich an die erlöschende Glut eines Feuers. Ich schmiss noch eine Ecstasy nach. Es war erst die dritte an diesem Abend. Ich spülte mit Weißwein nach und entzündete den Joint.
"Großer Geist, ich bitte dich, zeige mir meine Aufgabe", wandte ich mich an Gott. Ich blies den Rauch in die Nacht hinaus und wünschte mir von ganzem Herzen: Bitte sende mir ein Zeichen, weise mich auf den richtigen Weg!

Meine Sicht trübte sich ... alles begann zu verschwimmen ... zu schrauben ... zu drehen ...
Ich muss anhalten! Ich kann nicht mehr fahren, schoss es mir durch den Kopf. Ich versuchte das Auto an den Straßenrand zu lenken, wollte bremsen ... trat aber geistesabwesend auf das Gaspedal ... zu spät ... "Scheiße!", und schon rammte ich einen steinernen Pfosten ... ich konnte nichts mehr machen, hatte keinen Einfluss auf die Lenkung ... alles geschah wie von selbst ... ich war in einem Geschoss eingeschlossen auf das ich keinen Zugriff mehr hatte ... der Winkel des Aufpralls war so steil, dass es mich wie ein Spielball von der unterhalb liegenden Querstrasse wegschleuderte ... wie ein Pferd bäumte sich mein Wagen auf und setzte zum Sprung über den Zaun an ... Äste, Zweige und Bretter schienen in Zeitlupe an der Windschutzscheibe abzuprallen ... die Scheinwerfer zündeten in den Himmel, als ob sie eine Lichtbrücke zu den Sternen erstellen wollten ...

"Mir passiert nichts! Mir passiert nichts!", wiederholte ich ständig auf den Aufprall wartend ... es dauerte eine kleine Ewigkeit bis sich die Nase des Autos der Schwerkraft ergab und Kurs auf die Erde nahm ... ich wurde in die Gurte geschleudert und sogleich wieder weg katapultiert ... die Zeit schien mit jedem Aufprall schneller zu laufen, bis ich nach dem vierten oder fünften Überschlag zum Stillstand kam ... Mein Herz raste und pumpte das Adrenalin mit solcher Wucht durch meinen Körper, dass ich mit einem Mal wieder nüchtern war.
Schnell raus und weg von hier, dachte ich, mich an die in Filmen sonst üblichen Explosionen erinnernd, während ich mich durch das zerfetzte Verdeck hinaus zwängte. Ich kletterte den steilen Abhang hinauf und machte mich auf den Heimweg. Ich stand noch immer unter Schock, war der Verzweiflung nahe, und bei jedem entgegenkommenden Auto durchfuhren mich Gefühle der Angst, erwischt zu werden. Nach einem zweistündigen Fußmarsch kam ich zu Hause an. Noch immer zitterte ich am ganzen Körper und versuchte mich mit Kiffen und Trinken zu entspannen.
Als mich die Polizei am folgenden Tag verhörte, glaubte man mir zuerst nicht, dass ich im Wagen gesessen hatte. Sie vermuteten einen Versicherungsbetrug, denn ich war vollkommen unverletzt. Erst ein Tag später kam eine Schürfung vom Sicherheitsgurt zum Vorschein und mir wurde klar, dass ich ein zweites Leben geschenkt bekommen hatte.
Manchmal muss man alles verlieren ... vielleicht um zu merken, was man wirklich hat.

Immer noch unter Schock und verwirrt, wählte ich die Telefonnummer.
"Homöopathische Praxis, Friedli," begrüßte mich eine sanft klingend Frauenstimme.
"Guten Tag, ich brauche dringend einen Termin bei Doktor Jus."
"Dr. Jus ist verreist."
"Kann man ihn nicht erreichen? Es ist sehr dringend," hakte ich mit zittriger Stimme nach.
"Es tut mir leid, da kann ich Ihnen nicht weiterhelfen. Wollen Sie zu einem anderen Homöopathen? Herr Sieber wäre noch frei."

"Nein danke, ich will nur zu ihm," antwortete ich enttäuscht.
"Falls Sie etwas von ihm hören, sagen Sie ihm bitte, dass ich einen schweren Autounfall hatte."
"Ich werde es ihm ausrichten. Auf Wiederhören."
Traurig legte ich den Hörer auf. Da fiel mir der Zeitungsbericht ein, den mir meine Mutter vor Jahren aus einer Zeitschrift herausgerissen hatte. Eifrig machte ich mich daran ihn zu suchen. Es war ein mehrseitiger Bericht, mit einem Foto von Dr. Jus. Ich schnitt es aus und klebte es über meinen Schreibtisch, direkt neben den Spruch: *Gott gebe mir die Gelassenheit, Dinge hinzunehmen, die ich nicht ändern kann. Den Mut, Dinge zu ändern, die ich ändern kann und die Weisheit, das eine vom andern zu unterscheiden.*
Ich saß auf meinem Sessel und betrachtete sein Bild.
"Bitte hilf mir," flehte ich ihn an. Schon den ganzen Tag wurde ich von Weinkrämpfen durchgeschüttelt und von Verlustschmerzen geplagt. "Bitte hilf mir, ich halte es nicht mehr aus."
Plötzlich spürte ich, wie er den Raum ausfüllte. Er war hier, ich fühlte seine Energie, seine Anwesenheit. Liebe breitete sich aus. Verständnisvolle Wärme umgab mich. Wieder weinte ich los, und als ob sich alles zu lösen begann, wurde ich dadurch erleichtert.
Dann begann sich, wie von Geisterhand geführt, mein Kopf zu drehen. Erst zaghaft, dann etwas schneller. Ich hatte vom heftigen Aufprall ein Schleudertrauma, jetzt begann es sich zu lösen. Nach wenigen Minuten war der Schmerz verschwunden.
Noch lange spürte ich seine Gegenwart ... seine tiefe Verbundenheit zu mir. Ich war froh, jemanden wie ihn zu haben. Einen Freund auf den man zählen konnte.
Immer noch tief gerührt öffnete ich die Augen, erblickte erneut das Bild und erinnerte mich an seine Worte: "Ich mag Künstler, sie spüren alles so genau."

Vom Alltag eingeholt — Freitag 21. Juli ... 10.30 Uhr

Ich begann meine Wohnung aufzuräumen ... Unnützes und Altes wegzuwerfen. Als ich auf alte Texte und Collagen von

mir stieß ... es war ein ganzer Stapel, der sich da gestaut hatte ... Zettel, Kartonbogen, dünne und dickere Papierstreifen in den verschiedensten Farben und Formen standen auf den Seiten vor und ließen das Ganze unordentlich erscheinen ... ich durchstöberte die Ansammlung, las mich in vereinzelte Texte ein und betrachtete die Collagen, die ich damals aus den verschiedensten Fotos von mir erstellt hatte ... jedes Bild, jeder Text war getränkt von Erinnerung ... vielleicht weil ich damals sehr intensiv erlebt hatte ... und wieder blubberte es hoch ... die Bilder von ihr durchfuhren mich erneut und ließen mich schmerzlich zurückdenken ...
Ich lehnte mich zurück, betrachtete die Karte und las den Entwurf für ein Gedicht, das ich ihr damals geschrieben hatte ...

Phantasie
Lasse niemals einen Menschen mit Phantasie ohne Antwort ...
Er erlebt sonst Hunderte von Geschichten, stirbt tausend Tode und mit jeder Geburt wird die Geschichte trauriger und das Leid größer ...
Lasse niemals einen Menschen mit Phantasie ohne Antwort ...
Denn sonst wird ein Hüsteln zum Pistolenschuss, eine Sekunde zur Stunde, eine Feder zur Mordwaffe, ein Lächeln zur Verschwörung ...
Lasse niemals einen Menschen mit Phantasie ohne Antwort ...
Er könnte sich genauso vor Frauen fürchten, wie du es vor Männern tust, er könnte mitten in der Nacht zu schreiben beginnen, er könnte sich so viele Fragen stellen das er daran erstickt ...
Lasse niemals einen Menschen mit Phantasie auf dich warten ...
Bitte ... tu es nicht ...

Aber gebe einem Menschen mit Phantasie Hoffnung ...
Er erlebt die kühnsten Höhenflüge, die tollsten Abenteuer, die schönsten Momente ...
Gebe einem Menschen mit Phantasie Hoffnung ...
Dann wird ein Hammer zur Zahnbürste, Beton zu Butter, ein Weinen zum Jauchzen, ein Lächeln zur Landeerlaubnis ...
Gebe einem Menschen mit Phantasie Hoffnung ...

*Er könnte durchs All schweben und von einem Stern zum anderen greifen, er könnte Bäume ausreißen, wenn sie ihm nicht so leid täten ... er würde die Welt umarmen, wenn er dabei keine Erfrierungen bekäme ...
Gebe einem Menschen mit Phantasie Hoffnung ...
Vielleicht nimmt er dich mit auf seine Reise ...*

Ich legte die Karte zur Seite, strich mir über die Stirn, als ob ich etwas abstreifen wollte ... manchmal waren die Erinnerungen so unangenehm, dass ich mich bewegte oder abwehrende Worte von mir gab ...
Ich kochte heißes Wasser für einen Instant-Kaffee, setzte mich wieder vor den Bildschirm und öffnete eine Datei, die ich unlängst geschrieben hatte, nachdem ich vergeblich versucht hatte sie zu erreichen ...

Ich legte den Telefonhörer auf, nachdem ich es bis zum Amtszeichen hatte läuten lassen. Irgendwie war ich erleichtert, denn es hatte mich einiges an Überwindung gekostet, diese Nummer zu wählen ... Sie hatte heute Geburtstag — ist genauso alt geworden wie ich vor zwei Tagen ... Doch sie wollte nicht abheben, denn sie konnte meine Nummer auf dem Handy erkennen ... Trotzdem konnte ich ihre Überraschung und das Herzklopfen spüren ... Sie musste mich wohl für einen Irren halten nach all dem, was geschehen war ... Es lag jetzt schon über ein Jahr zurück ...
Als ich sie zum letzten Mal sah, konnte sie meinem Blick nicht standhalten, in ihren Augen konnte ich jedoch stille Bewunderung ablesen ... Ihr Freund stand neben ihr, bereit zum Angriff. Er hasste mich, war durch mein plötzliches Erscheinen völlig verwirrt ... Es schien kein Zufall zu sein, dass ich vor geraumer Zeit eine ähnliche Situation mit einer etwas anderen Rollenverteilung erleben musste ... Ich weiß noch gut, wie unangenehm es mir damals war, als ich sah, wie sie mit ihrem damaligen Lover umging, wahrscheinlich um mir ihre Liebe zu beweisen ... Es war der selbe Abend, an dem wir uns hätten näher kommen sollen, es jedoch vorzogen uns vor dem Fernseher zu langweilen, wie ich es aus gescheiterten Beziehungen

bereits kannte ... Wir spielten die Coolen, einerseits wegen des übermäßigen Drogenkonsums, andrerseits versucht man ja den Ansprüchen der Werbung zu genügen ... Lächeln ist out ... cool sein ist in ... ganz unter dem Motto: Ich bin zu geil für diese Welt ... Barbie und Barbapapa lassen grüssen ...
Jedenfalls kamen wir nie richtig zusammen, obwohl wir ineinander verliebt waren ... oder hatte das Ganze nur in meinem Kopf stattgefunden? ... War nur ich in sie verliebt gewesen? ... Jedenfalls war meine Sucht zu dieser Zeit neu und bescherte mir unglaubliche Erlebnisse ... Erlebnisse ganz für mich alleine ... immer mehr zog ich mich zurück, lebte in meiner eigenen, einzigartigen Welt und verlor zunehmend den Realitätssinn ... es war, als ob ich schreien würde: 'Hallo, ich habe die Realität verloren!' und von weit her vernahm: 'Keine Angst, die findet dich schon wieder.'
So war es auch ...
Ich schrieb ihr Briefe, bekam jedoch nie eine Antwort ... es war die einzige Ebene, auf der ich mich völlig öffnete ... ich sah Dinge voraus, hatte Visionen ... aber noch viel schlimmer, ich nahm alles auf der energetischen Ebene wahr ... es war vollkommen real ... es war die große Liebe, die da stattfand, sie war so groß und wunderbar, dass ich ein Zusammentreffen schon fast als Bedrohung empfand, könnte es doch mein Luftschloss zerstören ... viel schlimmer noch, ich könnte mein Vertrauen an die Intuition, ans Übersinnliche verlieren ...
Natürlich trafen wir uns trotzdem immer wieder ... die Geschichte musste ja weitergehen ... auf dieser Ebene spielte ich, aus Angst nicht zu genügen, den Unnahbaren ... wir sprachen nie über die Briefe ... es war, als ob ich sie nie geschrieben hätte, als ob die Post nicht zugestellt würde ... und da man vom Speed Paranoia bekommt, begann ich selbst daran zu zweifeln ... erfand Räubergeschichten ... stellte mir vor, dass man ihr die Post vorenthalten würde ... Intrigen und Verschwörungen waren im Gange ... alles Erlebte passte zusammen und wurde miteinander verknüpft ... jedes Wort ... jedes Lächeln von ihr waren Bausteine für mein Gedankengebäude ...
Es vergingen Monate ... wir telefonierten fast täglich ... aber niemals haben wir uns in meiner Welt, auf meiner Ebene, in

meiner Realität getroffen ... und immer wenn ich mir vornahm, ihr Einblick zu verschaffen, wurde ich durch ihr Suchtverhalten verunsichert ... wir hätten gut zusammen gepasst, ähnliche Probleme gehabt, wenn auch mit unterschiedlichen Vorlieben ... Kokain hieß das Zauberwort ... es war ihre große Liebe ... oder das, von dem sie sich nicht trennen wollte; auch ich hätte mich schwer damit getan, vor die Wahl gestellt zu werden: Drogen oder Liebe ... glaubte ich doch, mit den Drogen beides zu haben ... in Wahrheit verdrängte ich alles, und so ist es nicht weiter verwunderlich, dass das Erwachen ernüchternd war ... immer wieder kamen diese Erinnerungen ... diese Verletzungen, die ich nicht an mich herankommen ließ und zur Seite geschoben hatte ... Jetzt musste ich alles anschauen, und es tat weh zu sehen, wie wir mit einander umgegangen waren ...
Heute hatte sie Geburtstag ... ich wollte sie überraschen ... ich glaube, es ist mir gelungen ... auch wenn sie den Hörer nicht abgehoben hat, konnte ich ihr Herz schneller schlagen hören ...

Weisheit im Schafspelz — Mungbohnen und Limonen

Ich saß im Wartezimmer meines Homöopathen. Im Gegensatz zu früheren Besuchen, war ich diesmal auffälliger gekleidet. Ich trug ein eng anliegendes, schulterfreies T-Shirt, darüber ein leichtes, vorne ganz geöffnetes Hemd und Lederhosen. Es war nicht zu übersehen, dass ich meinen Körper liebte und ihn gerne zur Schau stellte.
"Sie sind jetzt ganz stark Sucht gefährdet," sagte er mir vor einem halben Jahr und: "Bitte keine Frauen jetzt. Nicht dass Sie noch Aids oder Hepatitis B bekommen. Sie brauchen das nicht."
Damals war die Trennung noch frisch. Ich hatte starke Ekzeme und Asthma. Als ich ihm davon berichtete, meinte er: "Gott wollte nicht, dass Sie einen Nervenzusammenbruch bekommen."
Von den Frauen hatte ich mich ferngehalten, von den Drogen nicht. Sie hatten mich verändert, die Hemmungen genommen, mich ins Zentrum des Geschehens gebracht. Den Drogenrausch

verbrachte ich meist für mich allein — arbeitend. Mein Arbeitspensum hatte sich dadurch auf das Dreifache gesteigert.
"Vielen Dank für Ihre Karte. Karten gestalten ist eine Ihrer Stärken!" bedankte er sich jetzt, als wir in seinem Sprechzimmer saßen.
"Gern geschehen," erwiderte ich erfreut über sein Kompliment.
"Herr Oswald ist gerne allein," stellte er weiter fest und mir wurde klar, dass ich die Einsamkeit liebte und brauchte, um gute Arbeiten und Resultate zu erzielen.
"Pressen Sie jeden Tag eine Limone und trinken Sie den Saft mit Wasser verdünnt," riet er mir. "Es enthält viel mehr Vitamin C als Bananen."
Meine Angewohnheit vermehrt Bananen zu genießen, hatte ihren Ursprung in einem gut gemeinten Ratschlag eines Dealers: 'Ecstasy ruft eine Hormonausschüttung hervor. Bananen sind ideal, um den Vitaminbedarf zu decken.'
Nichts von all dem hatte ich meinem Homöopathen erzählt. Absichtlich hatte ich das Thema Drogen umgangen. Wie kann er davon wissen? fragte ich mich.
"Essen Sie viel Mungbohnen, sie steigern den männlichen Hormonhaushalt," fuhr er fort.
Obschon es aussichtslos war, bemühte ich mich, mein Erstaunen zu verbergen. Meine fehlende Bereitschaft, die Drogen zu lassen, durchschauend sagte er: "Sie müssen einfach schauen, dass Sie nachher weiter sind als jetzt."
Beim Hinausgehen blieb er bei einer Pflanze stehen, zeigte auf eine Blüte und sprach: "Sehen Sie diese Pflanze. Man wollte sie wegwerfen, sie wuchs nicht besonders gut. Ich habe sie mitgenommen, ein bisschen mit ihr gesprochen. Und sehen sie, jetzt blüht sie."

Der Aufstieg — unter freiem Himmel

Die Sonne stand noch hoch genug, um eine weitere Etappe Richtung Hochebene zu starten. Ich entschied mich jedoch, noch eine Weile sitzen zu bleiben. Das Wetter würde in den nächsten Tagen gut bleiben, und so gab es keinen Grund zur

Eile. Ich kramte in meinem Rucksack nach etwas Essbarem und stieß dabei wieder auf das abgewetzte, vom Wetter gezeichnete Buch, das ich am Fuße des Berges kurz nach dem Verlassen des Autos gefunden hatte. Es lag völlig verzettelt unter dem Busch, den ich gerade mit meinem Blaseninhalt beglücken wollte, nicht nur damit er die Trockenzeit besser überlebt, versteht sich. Glücklicherweise sah ich es, bevor ich meinem Drang nachgab und hob es auf. Es war ein kunstvoll verarbeitetes Buch, mit Bildern und Texten versehen, von dem es, meinem Gefühl nach, kaum mehrere Exemplare gab.
Fische aus dem Gedankenfluss, stand auf dem in Leder gebundenen Umschlag. Als ich es aufschlug, vernahm ich den Schrei eines Bussards, der majestätisch seine Kreise über mir zog. Auf der aufgeschlagenen Seite war Folgendes zu sehen ...

Die andere Wirklichkeit

Ich saß auf einem Hügel, von im Wind rauschenden Bäumen umgeben. Über mir zogen die Wolken dahin ... Mein Blick folgte einem Bussard der sich von der Thermik langsam kreisend in den Himmel hinauf tragen ließ ... Er wurde immer kleiner, bis er nicht mehr zu sehen war ...
Das Brummen eines Flugzeugs weckte mich aus meiner Träumerei und weit unter mir sah ich die Erde, einen Hügel und klein wie eine Ameise einen Menschen, der in den Himmel schaute, als ob er mich beobachten würde ... Ich spürte den Aufwind in meinen Flügeln, ließ los und versank erneut in Träumereien ...

Konnte man die Welten so einfach wechseln? Wer hatte das geschrieben? Wie war das Buch in eine so menschenverlassene Gegend gekommen und wieso hatte ausgerechnet ich es gefunden? Hatte es möglicherweise etwas mit der seltsamen Frau zu tun? Das und vieles mehr ging mir durch den Kopf, als ich das Buch erneut in meinem Rucksack verstaute.
Es blieb mir noch genug Zeit, um einen geeigneten Platz für ein Nachtlager zu suchen, und so machte ich mich auf den Weg. Ich fand einen von großen Felsbrocken umgebenen, windgeschützten Ort, der doch noch ein wenig von der Aussicht offen ließ.
Nachdem ich genügend Holz für die Nacht gesammelt hatte, machte ich es mir gemütlich, um das Schauspiel des Tages zu genießen ... den Sonnenuntergang. Tatsächlich verfärbte sich der Himmel blutrot und glühte wie Feuer. Die Dämmerung empfand ich schon immer als speziell, der Übergang vom Tag zur Nacht. Die Vögel suchten ihre Schlafplätze und veranstalteten ein Gezwitscher, das immer mehr abnahm, bis es ins Zirpen der Grillen und das vereinzelte Heulen der Eulen überging.
Während das Feuer vor sich hin flackerte und knackte, wurde es rundherum immer dunkler und kühler, und man konnte die unzähligen Sterne am Himmel sehen. Wieder musste ich an den Übergang zwischen den verschiedenen Welten denken, gerade hatte sich ein solcher vollzogen, einer, den wir als völlig real hinnehmen.
Keine Ahnung, wie lange ich in meinem Schlafsack liegend noch in den Sternenhimmel starrte, bis ich einschlief, jedenfalls schlief ich tief und fest, was sicherlich mit der frischen Luft und der körperlichen Anstrengung zusammenhing.
In dieser Nacht hatte ich einen eindringlichen Traum:
Ich befand mich in einer völlig zerbombten Stadt. Überall irrten Menschen zwischen Steinhaufen und eingestürzten Häusern umher. Mich fröstelte, als mich eine alte, in schäbige Lumpen gehüllte Frau am Ärmel zupfte, als ob sie mir etwas zeigen wollte. Sie führte mich durch kleine Gassen in eine Ruine, die vorher ein Kleidergeschäft gewesen sein musste. Überall standen Ständer mit Pullovern und Jacken. Nachdem ich mir eine Lederjacke ausgewählt hatte, entfernte sich die Alte. Ich

versuchte ihr zu folgen und kam auf einen Wiese. Das Gras war fast kniehoch und vom Tau ganz nass. Ich konnte in der Dunkelheit die niedergedrückten Halme kaum erkennen, doch schließlich fand ich die Spur. Am Fuße des Berges lag eine Art Hirtenstock, den ich ergriff, bevor ich mich an den Aufstieg machte. Auf der Kuppe des Hügels konnte ich von weitem ein Licht erkennen. Als ich näher kam sah ich einen Kreis von Menschen, die um ein Feuer versammelt waren. Sie hatten Tücher und Decken um sich gehüllt und strahlten etwas Urtümliches aus. Die ganze Szene war erfüllt von Mystik und vermittelte etwas Geheimnisvolles. Ich setzte mich in den Kreis, was niemandem groß aufzufallen schien, und obwohl wir nicht miteinander sprachen, fühlte ich eine Verbundenheit, eine Wärme, die alle Worte erübrigte.

Am folgenden Morgen wachte ich früh auf, blieb aber noch eine Weile liegen und dachte über den Traum nach, bis mich die ersten Sonnenstrahlen erreicht hatten.
Es würde wieder einen wunderschönen Tag geben, das stand fest. Ich beschloss aufzubrechen, um noch vor der großen Hitze möglichst weit zu kommen. Beim Zusammenpacken stieß ich wieder auf das Buch und erinnerte mich, einmal gehört oder gelesen zu haben, dass man ein Buch irgendwo aufschlagen könne und dass dann genau das Richtige für den Moment dort stehen würde.
Wieso nicht probieren, dachte ich mir, ohne zu wissen, dass es schon bald zu einer meiner Gewohnheiten werden würde. *Der Traum* lautete die Überschrift der aufgeschlagenen Seite ...

Der Traum

Es war einer jener Träume, in die man problemlos eingreifen und die Handlung beliebig verändern kann ... Jemand wollte mich von einer höhergelegenen Ebene aus erschießen, traf aber nicht ... Schnitt ... nächste Einstellung ... Der Übeltäter vor mir auf den Knien, ich hinter ihm, wie ich mit einem Stock aushole und auf seinen Hinterkopf ziele ... unentschlossen zuzuschlagen oder zu warten bis er mich bemerkt ... Schnitt ... flimmer ... flimmer ...
Hätte ich die Angst besiegt, wenn ich ihn erschlagen hätte? ... Ist es die Angst jemandem weh zu tun? ... Ich denke, heute Nacht erschlage ich ihn ...

Ich packte den Rucksack auf den Rücken und machte mich auf den Weg.
Vielleicht ist das Leben ein Traum, den wir nicht richtig zu deuten wissen, da wir die Symbolik nicht verstehen, dachte ich. Es ging noch ein Stück geradeaus, bevor die Steigung zum vollen Krafteinsatz aufrief. Beinahe wäre ich auf die Feder getreten, die mitten auf dem Pfad lag. Ich hob sie auf und steckte sie an meinen Rucksack.
Ein beflügelndes Symbol, dachte ich vor Anstrengung schnaufend. Aber wozu sollte ich Federn sammeln, wenn ich fliegen kann, ging es mir erneut durch den Kopf, während mein Puls sich auf optimale Fettverbrennung eingestellt hatte.
Ich hatte schon einiges an Höhe gewonnen, als ich mich nochmals umdrehte und auf meinen Lagerplatz zurückschaute. Es waren einige Vögel zu sehen, die wahrscheinlich die heruntergefallenen Speisereste, Brotkrumen und dergleichen aufpickten.
Nicht alles, was wir zurücklassen, ist unnütz, wenn es auch andere sind, die den Nutzen daraus ziehen, so sind wir zumindest erleichtert, dachte ich mir und wanderte frischen Mutes weiter.

Vom Alltag eingeholt — Montag 24. Juli ... 14.05 Uhr

Ich arbeitete gerade an einer Geschichte über meine Vergangenheit, als das Handy klingelte ... Ich wusste schon bevor ich dranging, wer anrief, wollte es aber nicht wahr haben, wie es doch so oft der Fall ist mit Vorausgeahntem ... wir brauchen immer Beweise ...
Meine Eingebung bestätigte sich, als ich die vertraute Stimme meines Homöopathen vernahm ... Er rief mich wegen der in Auftrag gegebenen Muster an.
"Die Farbe gefällt mir, aber das blauschwarze Bild von Kent wirkt besser, finden Sie nicht auch?" Dann die Frage: "Sie sind zu Hause?" Es ist wohl so, dass man aus fast allem, was gesagt wird seine Lehren ziehen kann, doch bei ihm war es

wirklich so ... oder achtete ich besonders darauf? ... Jedenfalls war es so wenig, das er zu sagen brauchte, um einem etwas klar zu machen. Denn die beste Möglichkeit, etwas zu lernen, ist, es selbst zu entdecken ... Im Grunde genommen weiß man die Lösung für ein Problem immer selbst, wer sollte es denn sonst wissen ... Da fiel mir gerade ein indianisches Sprichwort ein: "Wenn man ein Problem erkennt, aber nichts zur Lösung beiträgt, wird man selbst ein Teil des Problems."
"Sie sind zu Hause?"
Ja, ich weiß ich sollte raus, ich brauche Abwechslung ... Er sagte nie etwas direkt, verletzte einem nicht und trotzdem war es beschämend ... Ich saß zu Hause und quälte mich mit längst Vergangenem herum, anstatt etwas Neues zu erleben ... neue Arbeit zu suchen, neue Menschen kennen zu lernen ... Wie kann man sich nur vor Neuem fürchten und gleichzeitig fürchterlich unter Langeweile leiden? ... Ich hatte weder Aufträge noch Lust zu malen ... Überschwemmungen und Schlammlawinen erschütterten die Bevölkerung, überall gab es Sondereinsätze, Menschen, die anderen Menschen halfen, und ich saß zu Hause mit trüben Gedanken und fühlte mich einsam ... so ist das, man denkt immer nur an sich, deshalb geht es einem so schlecht ... Wieso sollte man etwas, das einem keinen Spaß mehr macht, noch länger ertragen? ...
Wie klein ist doch die Welt in der wir leben, wenn wir uns in diesem Körper gefangen sehen ... wie groß ist doch die Welt, wenn wir sie umwandern wollen ... wie klein ist doch die Welt, wenn wir verärgert sind ... wie groß ist sie doch, wenn wir lieben ...
Schon viel zu lange wartete ich auf eine Veränderung, aber von nichts kommt nichts ... Sie sind zu Hause? ... Sind Sie Hausmann? ... Sind Sie krank oder macht es Sie krank? ... Sind Sie gesund oder möchten Sie es werden? ... Sie langweilen sich, aber Sie sind zu Hause? ... Sie haben keine Arbeit? Weshalb arbeiten Sie nichts? ... Wenn Sie Hunger haben, essen Sie ... wenn Sie Durst verspüren, suchen Sie nach Wasser ... und wenn ihnen langweilig ist, sitzen Sie herum? ... Wenn es dunkel ist, zündet man eine Kerze an und schon wird es hell ... Das alles hätte er mir sagen können und noch vieles

mehr, doch er tat es nicht ... Sie sind zu Hause? ... war alles und beinhaltete alles ...
Ist es nicht so, dass wir die größten Schätze oft nicht sehen, weil wir sie für zu einfach, zu normal halten ... denn in den einfachsten Dingen liegt die größte Wahrheit ...

Der Aufstieg — die Erfrischung

Ich hielt das eingeschlagene Tempo und kam gut voran. Da blitzte vor mir etwas auf. Ich näherte mich der Stelle und fand einen Ohrring, der mit einem kleinen spiegelnden Stein bestückt war. Irgendwie kam er mir bekannt vor, aber ich konnte mich nicht mehr erinnern, wo oder an wem ich ihn schon einmal gesehen hatte.
Wie kam er hierher? Wie lange lag er schon hier und hatte er möglicherweise etwas mit meinem letzten Fund zu tun?
Wieder fiel mir die Frau von der Tankstelle ein. Woher wusste sie so viel von diesen Bergen? Bestimmt war sie schon öfters hier gewesen. Vielleicht hatte sie den Ohrring hier verloren, aber das mit dem Buch ... so etwas verliert man nicht einfach so.
"Wenn Sie die nächste Strasse nach links abbiegen und ihr folgen, bis sie leicht zu steigen beginnt, finden Sie auf der rechten Seite einen geeigneten Platz zum parken. Von dort führt ein kleiner Pfad geradewegs aufs Hochplateau. Aber denken Sie daran, es ist nun mal so, dass Leid Grundbedingung der menschlichen Existenz ist", hatte sie mir noch durch die geöffnete Scheibe erklärt, als ich schon im Wagen gesessen hatte. "Auch wer sich an angenehme Gefühle klammert und unangenehme vermeidet, ist letztlich körperlichem Verfall, dem Alter und dem Tod ausgeliefert."
Hatte sie damit auf mein früheres Drogenproblem angespielt? Wie kam sie dazu? Ich steckte den Ohrring ein, ging weiter den Berg hinauf und beschloss genauer darauf zu achten, ob sich jemand in meiner Nähe befand. Möglicherweise beging die Besitzerin des Schmuckstücks nur wenige Stunden vor mir diesen Weg.

Nach kurzer Zeit, ging ich einem inneren Impuls nachgebend nicht mehr geradewegs bergauf, sondern folgte einem schmalen Pfad, der an einem Felsen vorbeiführte, ohne an Höhe zu verlieren. Es schien eine gute Entscheidung zu sein, und so wurde ich schon bald mit einer traumhaften Aussicht und einer immer üppiger werdenden Vegetation belohnt.
Die Zeit verging wie im Flug, und die Sonne hatte schon ihren Höchststand erreicht, als ich in der Ferne ein Rauschen vernahm. Es klang wie ein Bach und ich beschloss, dem Geplätscher zu folgen, um dort zu rasten. Ich stieß auf einen Ort, der mein Herz höher schlagen ließ. Aus über zwanzig Meter stürzte sich das Wasser in die Tiefe, direkt in einen Tümpel, der sich unter dem Wasserfall gebildet hatte. Er lud zu einer Erfrischung ein. Ich nahm das Geschenk dankbar an und nahm ein erfrischendes Bad. Es war eine Wohltat für Körper, Geist und Seele. Ich fühlte mich wie neu geboren, als ich mich nackt auf einen von der Sonne erhitzten Felsen setzte, um zu trocknen. Das Wasser, die Felsen, die Pflanzen, der Sonnenschein, der blaue Himmel und jetzt noch dieser farbenprächtige Schmetterling ... Es war fast zu viel ... fast zu kitschig. Er setzte sich auf meinen Rucksack und zeigte mir leicht wippend seine Flügel. Als er weiter flog, zog ich das Buch aus dem Rucksack, schlug es wahllos auf und ...

Erwachen

Kennst du das Gefühl eines Apfels, der am Baum hängt und nur darauf wartet, bis man ihn pflückt und seine in sich perfekte Form, seine Feinheiten und Farbnuancen, seine Oberflächenbeschaffenheit und den unvergesslichen Geschmack wahrnimmt ...
Kennst du das Gefühl einer Rose, die soeben ihre Knospe geöffnet hat und im Begriff ist, zur vollendeten Schönheit zu erstrahlen ...
Kennst du das Gefühl eines frisch entpuppten Schmetterlings, der zum ersten Mal die Farbenpracht seiner Flügel sieht und es in tanzendem Flug der ganzen Welt berichten will ...

Eine bequeme Position suchend, legte ich mich auf den Rücken. Das Rauschen des Wasserfalls war so beruhigend, dass ich für kurze Zeit einnickte. Das Getöse hatte etwas Reinigendes, Belebendes.
Langsam kehrte mein Geist zurück, um sich wieder mit der Wahrnehmung zu verbinden.
'Erneuere dich gänzlich jeden Tag; tu es wieder und immer wieder für alle Zeiten', fiel mir ein. Es begann unbequem zu werden und so setzte ich mich auf. Erst wenn Körper, Geist und Seele zur Einheit verschmelzen, ist es möglich, wahrhaft gute Resultate zu erzielen, dachte ich, nach einem Stein greifend. Ich betrachtete ihn, in der Hand drehend. Er war vom Wasser rund geschliffen und mit weißen Adern gezeichnet.
Das erste Drittel meines Lebens verbrachte ich mit der Suche nach einem Juwel, einem Diamanten, dem Sinn des Lebens, überlegte ich, den Stein ins Wasser werfend. Jetzt habe ich erkannt: Das Juwel liegt in mir. Das nächste Drittel werde ich wohl damit verbringen, den Diamanten zu schleifen, um dann mit dem Polieren beginnen zu können.
Wieder warf ich einen Stein. Dem tieferen Glupschen nach war er schwerer. Die Sonne brannte auf meinen Rücken, und so ging ich näher zum Wasserfall, um mich im Sprühregen zu kühlen. — Durch das herunterfallende Wasser wurde die Luft umgewälzt, was Wind entstehen ließ. Sonnenlicht brach sich im Wasserdunst und ein Regenbogen entstand.
Erfrischt ging ich wieder an die Sonne. Barfuss über die zahllosen, zum Teil glitschigen Steine tastend, stellte ich fest: Es ist die Vielfältigkeit, die uns die Natur lehrt.

Weisheit im Schafspelz — Lichtjahre entfernt

Wie ein Kobold glitt ich geschmeidig, fast fliegend durch die Räume der Cyber-Ranch.
"Ach wie gut, dass niemand weiß", murmelte ich wild mit den Armen wirbelnd, "dass ich ... " wieder tauchte ich den Pinsel in den Farbtopf und malte in schnellen Zügen weiter.

Seit zwei Wochen war ich schon damit beschäftigt diesen Club zu verändern.
"Willst du diesen Laden nicht einmal umbauen?", hatte ich Fritz, den Besitzer, vor noch nicht all zu langer Zeit gefragt und ihm einige Bilder von meinen Arbeiten vorgelegt.
"Wieso nicht, zur Zeit läuft es gut. Mach daraus etwas abgespacetes. Du hast drei Wochen Zeit", hatte er erwidert, und so kamen wir ins Geschäft.
Es war ein Riegelbau, der in drei Räume aufgeteilt war. Da das Budget knapp war, hatte ich mir haufenweise Computer und anderen Elektronikschrott besorgt, um daraus so etwas wie ein Raumschiff zu bauen. Mein Konzept sah folgendermaßen aus:
Erster Raum: Eingang, Spielraum ... DAS ALL ... Rückseite und Eingang ins Raumschiff ... steht für das Äußere, Umfeld, Umgebung ...
Zweiter Raum: Bar ... MASCHINENRAUM ... steht für den Organismus, den Körper, Auftanken unserer Maschinen ...
Dritter Raum: Cillout, ... STEUERUNGSZENTRALE ... steht für Gehirn, Kopf, Empfindungen, Denken, Fühlen ...
Ich kam gut voran, arbeitete Tag und Nacht, denn ich hatte mich mit genügend Speed und MDMA eingedeckt, und so brauchte ich praktisch keinen Schlaf. Der Beat dröhnte durch die Räume, ohne je zu verstummen. Tag und Nacht ließ ich mich vom Puls der Welt, wie ich den Sound damals nannte, antreiben, bis der Flug durchs All immer realer wurde und ich mich immer mehr vom Erdenleben entfernte. Dieser Höhenflug wurde noch durch meine Verliebtheit begünstigt.
"Wieso ausgerechnet Ajsha?" hatte mich Sue vor zwei Wochen verständnislos gefragt. Sie schien sie schon besser zu kennen, obwohl sie erst seit kurzem in ihrer Bar arbeitete.
Da ich die täglich geöffnete Bar nur abends nach Ladenschluss umgestalten konnte, traf ich Ajsha damals jede Nacht. Meist war die Stimmung ausgelassen, wenn ich eintraf und so bestellte ich noch ein Bier, bevor ich zu arbeiten begann. Ajsha gefiel mir auf Anhieb, und wir merkten schnell, dass wir ähnliche Interessen hatten.
"Kennst du die Cyber-Ranch?", hatte ich sie an einem der letzten Abende, an denen ich dort arbeitete, gefragt.

"Natürlich, die ist bekannt dafür, dass sich dort das ärgste Pack herum treibt."
"Ich habe den Auftrag bekommen, daraus etwas Cooles zu gestalten. In den nächsten drei Wochen mache ich daraus ein Raumschiff, dann kann ich dich hier nicht besuchen kommen", ließ ich sie absichtlich wissen.
"Wieso? Willst du alles alleine umbauen? So wie ich es in Erinnerung habe, ist es dort ziemlich groß," entgegnete sie.
"Das Budget erlaubt leider keine Mitarbeiter," winkte ich ab.
Jetzt träumte ich von ihr im Wachzustand und hoffte, dass sie mich nach der Arbeit besuchen kommen würde. Ich stellte mir in Gedanken vor, wie sie den Raum betrat, wir uns umarmten und die Spannung der Ungewissheit von uns fiel.
Heute müsste sie meine Karte bekommen haben, überlegte ich und erinnerte mich an den Text meiner Liebeserklärung:

Raumschiff Cyberspace ... 1000 Lichtjahre von der Erde entfernt ... die Zeit auf der Erde nach meinen Berechnungen: Donnerstag 4. Dezember 04.30 Uhr ...
melde ersten Kontakt mit Außerirdischem ... er scheint uns nicht feindlich gesinnt zu sein ... sein Name: Nr. 25 ... siehe Bild auf Vorderseite ... in den letzten Tagen scheint er erkrankt zu sein ...
seine Symptome: Ess- und Schlafstörungen Konzentrationsmangel, versalzt alle Speisen, spricht kaum und wenn, dann immer nur von Ajsha ...
erbitte um Nachforschungen, ob diese Krankheit auf der Erde auch schon vorgekommen ist und ob es dafür ein Mittel gibt ...

Leider versuchte sie nie bei mir anzudocken, vielleicht war ihr Raumschiff kaputt, oder sie hatte es noch nicht entdeckt. Auch meine Karte schien niemals angekommen zu sein. Aber was hatte ich erwartet, seit wann wird Post aus dem All zugestellt, die müsste schon mit einem Meteoriten einschlagen.
Nur wer erwartet, erlebt Enttäuschungen ... aber er wartet.

Vom Alltag eingeholt — Montag 24. Juli ... 21.45 Uhr

Wenn wir Menschen uns nicht all zu sehr in der äußeren Welt verloren hätten, brauchten wir heute kein Telefon, sondern Telepathie, wir brauchten kein Internet, um zu verstehen, dass wir alle miteinander verbunden sind.
Ich stand auf und legte die Notiz zu den anderen bereits gelesenen Texten.
Um etwas Abstand zu bekommen, schaltete ich den Fernseher ein, doch nichts konnte meine Aufmerksamkeit erheischen ... überall diese Vorzeigemenschen, diese solariumgebräunten, narzisstischen Schönlinge, die einem sogar die schlimmsten Nachrichten mit einem Lächeln berichteten. Aber solange es Menschen gab, die dadurch Zufriedenheit erlangten, zu sehen, das es anderen noch schlechter ging und es bequemer fanden, sich von den Problemen anderer unterhalten zu lassen, brauchte es auch Politik, Militär, Krieg und einen Fernseher natürlich, um das Ganze mit hoch gelagerten Beinen, rülpsend und furzend genießen zu können ...

Ich stand auf, um mir ein wenig die Füße zu vertreten, und ging zum Fenster ... es war ein regnerischer Tag, der nicht sonderlich zum Hinausgehen einlud. Die Regentropfen, die in die Pfütze auf meinem Vorplatz fielen, aktivierten längst Vergessenes. Damals war für mich 'technologisches' Tanzen eine bewegte, der Zeit angepasste Meditationsform ...
Als ich tanzte, merkte ich, wie mein Denken unmöglich so schnell sein konnte wie meine Bewegungen, meine Ohren niemals hätten voraus hören können ... was war es dann ... ich war es jedenfalls nicht, es passiert einfach, man wird zu Ton, zu Klang, zu Musik ...
'Was man hört, kann man auch nicht anfassen, und trotzdem sind wir davon überzeugt, dass es existiert', schoss es mir durch den Kopf und schon fiel ich aus dem Rhythmus.
Ich ging zum Fenster, es dämmerte langsam. Regentropfen fielen in regelmäßigen Abständen in die Pfütze, die sich auf dem Vorplatz gestaut hatte, und bildeten kleine Ringe. Schon

den ganzen Tag regnete es ununterbrochen ... immer wenn ich aus dem Fenster schaute, diese Ringe ... sich überlagernde Wellen, entstehende Interferenzmuster, mal mehr, mal weniger. Es ist wie mit unserem Denken, nur sehr selten ist das Wasser still oder nur leicht gekräuselt ... meist ist es stürmisch und voller Wellen ... nur durch Konzentration gelingt es uns, die Wellen zu verlangsamen und zu beruhigen.
Wenn du gedacht hast, dass du denkst, so gedenke deiner Gedanken und du wirst feststellen, es denkt auch, wenn du nicht denkst wie du gedacht hast, dass du denkst ... und mit der Aussage: 'Die Gedanken sind frei!' ist wahrscheinlich gemeint, das wir sie nicht zügeln können.

Weisheit im Schafspelz — die Suche

"Mental geht es Ihnen besser," begrüßte mich mein Homöopath und führte mich ins Sprechzimmer. Wieder war mehr als ein halbes Jahr vergangen. Meine Sucht hielt schon über ein Jahr an. Er lehnte sich in seinem Sessel zurück und fragte: "Herr Oswald, wie geht es Ihnen?"
Ich bemühte mich, meine Tränen zurückzuhalten. Vergebens. Ich heulte los. Absichtlich hatte ich heute noch keine Drogen genommen. Ich wollte ihm nicht zugedröhnt entgegentreten. Jetzt überkam mich das ganze Leid.
"Sie haben LSD genommen. Was haben Sie gesehen?" fragte er mit einer ungespielten Gelassenheit.
"Ich habe das Tier in mir getroffen, diese unersättliche Gier."
"Hmm," räusperte er sich.
"Ich weiß, dass ich das, wonach ich suche, mit Drogen nicht finden kann," sagte ich.
"Mein Lehrer pflegte zu sagen: Wozu sollte ich etwas nehmen, wo die Wirkung nach wenigen Stunden nachlässt," entgegnete er und betrachtete mich mit verständnisvollem Blick. Für einen Moment verharrte er in Schweigen. Dann sagte er: "Herr Oswald ist telefonisch sehr schwer erreichbar." Er spielte auf die Anrufe aus seiner Praxis an, die ich nicht beantwortet hatte.

"Ich habe es Ajsha gesagt. Seitdem habe ich sie nie mehr gesehen. Ließ sie sich nicht bei Ihnen behandeln?"
"Nein." Sein Blick schien mich zu durchdringen. Als ob ihn etwas Unangenehmes durchfahren würde, strich er sich über die Stirn. "Sie müssen nach ihr suchen."
Jetzt erinnerte ich mich an seine Worte beim letzten Besuch: 'Auf Sie wartet eine liebe Frau'. — Ich war damals erstaunt, dass er über meine Verliebtheit wusste und direkt auf meine Gedanken antwortete.
"Ich sehe es in Ihren Augen", beantwortete er an dem Tag meinen fragenden Blick.
"Treiben Sie Sport," riet er mir damals. "Gehen Sie joggen oder spielen Sie Tennis, Badminton, Squash oder machen Sie Bodybuilding," dabei grinste er verschmitzt. Er wusste, dass ich genauso wenig von Bodybuilding hielt wie er. Aber die liebe Frau trainierte regelmäßig.

Der Aufstieg — die Richtung

Hungrig suchte ich nach etwas Essbarem in meinem Rucksack. Meine Vorräte wurden langsam knapp. Ich kramte einen Apfel, Nüsse und ein paar Dörrfrüchte hervor, füllte meine Flasche mit frischem Wasser und ließ es mir schmecken. Das Wasser lief mir im Mund zusammen und vermischte sich mit dem Saft des Apfels, in den ich gerade biss.
Mit der Nahrung verhält es sich ähnlich wie mit Erlebtem, beides muss verdaut werden, dachte ich den Apfel kauend. Uns interessiert dabei vor allem die Geschmackswahrnehmung, mit dem Rest wollen wir nichts zu tun haben, und so werden wir erst durch Magenschmerzen und Verdauungsstörungen wieder darauf aufmerksam. — Ich schob eine Nuss nach. — Die Gesundheit ist wohl das wertvollste, das wir besitzen, meist wird uns dies jedoch erst dann wieder bewusst, wenn wir sie verloren haben.
Wieder flatterte der Schmetterling um mich herum und ließ sich auf dem blau schimmernden Umschlag des Buches nieder, um mir erneut seine Schönheit zu präsentieren ... oder wollte er mich dazu ermuntern, noch einmal hineinzuschauen?

Vertrauen

Es war Frühling. Ich saß auf einem Baumstrunk inmitten einer Lichtung im Wald. Das Sonnenlicht warf Schatten von frisch gewachsenen Blättern und Zweigen auf den noch feuchten Waldboden.
Ich war in Gedanken versunken, als ein Schmetterling auf meine Handfläche saß ... plötzlich wurde mir klar, was mit dem Wort Vertrauen gemeint ist ...

Als ich das Buch zur Seite legte, umkreiste mich der Schmetterling erneut, als ob er wüsste was ich gerade gelesen hatte.
Ich suchte meine Kleider zusammen und zog mich an. Mich wieder in die Schuhe zwängend dachte ich: Es ist an der Zeit, mich an den Bestimmungsort meiner Reise zu erinnern.
Ich zog die Schnürsenkel fest und verknüpfte sie.
Wo liegt der wirklich?, fragte ich mich wieder aufrichtend. Das werde ich wohl auf dem Weg herausfinden.
Frisch und ausgeruht machte ich mich an die bevorstehende Kletterpartie. Nach kurzer Zeit hatte ich die Höhendifferenz zurückgelegt, und mir wurde die Höhe aus der das Wasser stürzte bewusst.
Jetzt eröffnete sich vor mir das Hochplateau. Der Bach schlängelte sich voller Lebensfreude durch die Landschaft, mal wurde er breiter, dann teilte er sich, um sich später erneut zu vereinen.
Das Wasser hat viele Vorzüge und verbreitet viele Lehren ohne Worte, falls man das Gurgeln nicht zählt, ging es mir durch den Kopf. Versucht die positiven Eigenschaften aufzuzählen fiel mir eine Geschichte ein:
Dse Gung fragte den Meister: "Ihr liebt es vor einem großen Fluss zu stehen und ihn zu betrachten. Darf ich fragen, warum ihr das tut?"
Kung Dse antwortete ihm: "Das Wasser lässt sich mit einem Edlen vergleichen. Wohin es kommt, ist es freigiebig, ohne selbstsüchtig zu sein, es gleicht somit der Kraft des Geistes. Überall, wohin es gelangt, schafft es Leben, dort, wohin es nicht gelangen kann, entsteht Tod, es gleicht somit der Güte. Sein Fliessen nimmt Rücksicht auf die Erhöhungen und Vertiefungen des Geländes, es gleicht somit dem gerechten Sinn. Es geht zu tiefen Abgründen hin, ohne sich zu besinnen, es gleicht somit dem Mute. Es gleitet ebenmäßig dahin und bildet große Tiefen, es gleicht somit der Weisheit. Es muss viele Schwierigkeiten, die sich ihm feindlich entgegenstellen, überwinden, es gleicht somit der Verträglichkeit. Es muss es über sich ergehen lassen, schmutzig zu werden, bemüht sich aber, sich sogleich wieder zu reinigen, es gleich somit der Fähigkeit, sich immer wieder zu erneuern. Es füllt alle

Vertiefungen gleichmäßig an, es gleicht somit der Rechtlichkeit. Es nimmt niemals mehr Platz ein, als es tatsächlich bedarf, es gleicht somit der Mäßigung. Es mag sich in seinem Fliessen unzählige Male in alle Richtungen hin wenden, läuft aber trotzdem immer gerade aus, es gleicht somit der Zielbewusstheit. — Das ist es, was mich einen großen Fluss gerne betrachten lässt."

Schon als ich den Rastplatz verließ, hatte ich das Gefühl beobachtet zu werden. Jetzt spürte ich erneut Blicke auf mir, ohne jemanden zu erkennen ... oder doch? — Hatte sich da nicht etwas bewegt? War es nur der Wind? Noch eine Weile ließ mich dieses Gefühl nicht los. Immer wieder schaute ich zurück, doch nichts war zu sehen.
Wie an jedem Abend wechselte der Wind auch diesmal die Richtung. Ich errichtete meine Feuerstelle so, dass ich mich nicht im Rauch aufzuhalten brauchte.
An diesem Abend kam es jedoch anders. Dem Frieden zu liebe musste ich meine rauchfreie Zone verlassen. Der Grund dafür war eine Ameisenstrasse, die ich unmöglich umleiten konnte und leider erst bemerkte, als ich das Feuer schon angemacht hatte. Ich entschied mich dafür, Wasser für den Tee zu kochen und dann meinen Schlafplatz in sicherem Abstand von der Hauptverkehrsachse einzunehmen. Als ich die Gutenachtgeschichte aufschlug, verwunderte es mich nicht sonderlich, als ich folgendes zu lesen bekam ...

Mein Kampf

An einem schönen Sommermorgen saß ich im Garten und ließ meine Beine von der milden Sonne bräunen. Die Welt schien in Ordnung zu sein. Mein Geruchsinn wurde vom Duft der blühenden Rosen verwöhnt und auf dem Tisch stand eine Tasse mit frischem Kaffee. Doch dann kitzelte mich etwas am Fuß, dann etwas höher ... Ameisen ... ich schüttelte sie ab. Aber schon waren die nächsten im Begriff mich zu besteigen. Die wollten mich offensichtlich provozieren. So aber nicht, das ist mein Sitzplatz! Eigentlich habe ich ja nichts gegen Ameisen, aber diese waren rot und suchten Streit. Den sollten sie haben ... Und schon hatte ich die ersten unter meinem Fuß zerquetscht. Ich stampfte immer schneller und wilder ... meine Luftangriffe waren so erfolgreich, dass bald Dutzende von Ameisen ihr Leben auf der Schlachtplatte gelassen hatten.

Doch bei der Vorstellung, wie unermesslich gross meine Füsse aus ihrer Sicht aussehen mussten, taten sie mir leid. — Also ließ ich ab von ihnen, setzte mich auf einen anderen Stuhl und ertappte mich beim Gedanken, ob wohl ein Gifteinsatz nicht effizienter wäre ...

Vom Alltag eingeholt — Donnerstag 27. Juli ... 0.30 Uhr

Seit Jahren durchströmen mich, in immer größer werdenden Abständen, Wellen der Erinnerung, mittlerweile empfinde ich sie nicht mehr als unangenehm ... Einsicht hat sich mit verständnisvoller Liebe gepaart ...
Ungelebte Liebe so scheint mir, erspart einem das schmerzvolle Leid einer gelebten Liebe nicht, wohl aber die angenehmen Erinnerungen ... Meiner Meinung nach ist alles auf einer energetischen Ebene miteinander verbunden, was ein Entrinnen vor den Wellen der Erfahrung unmöglich macht. So hoffe ich, dass auch dich, die nur noch leicht gekräuselten Fluten erreicht haben, um der beruhigenden, verständigen See zu weichen, schrieb ich gerade nieder.
Es ist wohl so, dass man die Dinge nicht nur durch Wiederholung lernt, sondern auch auf eben solche Weise verarbeitet. — Der Schmerz wird bei jedem Durchleben erträglicher bis er schließlich ganz verschwindet ...
So berührte es mich nicht mehr auf der selben Ebene wie noch vor ein paar Tagen, als ich erneut einige Zeilen von längst zurück Gelegenem las ...

Bitte sag mir ...

Bitte sag mir, wer oder was dir solche Angst einflösst, dass es dich zum ferngesteuerten Fisch werden lässt ...
Bitte sag mir, wo du dein wahres Wesen versteckt hältst, das aus deinen Augen schaut, wenn sie funkeln ...
Bitte sag mir wer oder was mehr Einfluss auf dich hat als du selbst ...
Bitte sag mir, warum du deine Gefühle mit dem Hammer des Verstandes zermalmst ...
Bitte sag mir, wie lange du das Kind in dir noch gefangen halten willst ...
Bitte sag mir, wann du ihm die Freiheit schenkst, ich möchte es umarmen ...

Der ferngesteuerte Fisch hatte nie sprechen gelernt, blieb kaltblütig und stumm ... vielleicht um sich zu schützen ... 'Frozen' von Madonna lief gerade im Radio ... es weckte ähnliche Erinnerungen in mir ... hörte sie nicht diese CD, an jenem letzten Mal, an dem ich sie sah?
Es war an einem sonnigen Herbstmorgen, die weißen Kumuluswolken türmten sich mächtig auf und ließen Figuren entstehen ... ich bog gerade in die Einfahrt ab und stoppte den Wagen auf dem Parkplatz vor ihrem Haus.
Als ich sie sah, hatte sie ihr Auto schon gestartet und wollte losfahren. Besonders erfreut schien sie über mein unerwartetes Auftauchen nicht zu sein, denn sie hatte mich am Vorabend absichtlich versetzt, weil ihr jemand die Nase gepudert hatte ... Ich war so wütend, als ich bei ihr vergeblich vor der Türe wartete, dass ich ihr einen bösen Brief schrieb, in dem ich meine angestaute Wut zum Ausdruck brachte, wie ein Dampfkochtopf entlud ich mich zischend, als der Stift über das Papier fegte. Gegen Ende der Seite wurde ich dann wieder versöhnlicher, einerseits weil ich einen großen Teil schon entladen hatte, andererseits wollte ich die Türe noch einen Spalt offen lassen ...
Es ist nicht das Jucken zwischen den Beinen, das mich manchmal nach dir sehnen lässt, schrieb ich, sondern viel mehr die Suche nach jemand Vertrautem, jemandem, dem du nicht erst deine Lebensgeschichte erzählen musst, jemand dem ein Blick im entscheidenden Moment genügt ...
Am Tag darauf hatte ich eine Nachricht von meinem Homöopathen auf dem Anrufbeantworter. Er war über ein Jahr ausgebucht und nahm keine neuen Patienten mehr an, da ich ihr Vorhaben, sich behandeln zu lassen unterstützte, bat ich ihn, ihr einen Termin zu geben ...
"Ich habe ihren Brief erhalten, leider haben wir vergeblich versucht ihre Freundin zu erreichen. Melden Sie sich doch bei Frau Friedli, sie weiß Bescheid," meinte er ... dies veranlasste mich dazu, mit einem neuen Brief zu ihr zu fahren ... ich wollte sie nicht sehen, nur die Nachricht überbringen, doch wie es der Zufall wollte trafen wir aufeinander ... sie suchte nach Ausreden ... einem Fluchtweg ...

"Vergessen wir den gestrigen Abend," sagte ich beruhigend ...
"Nein, das vergesse ich ganz bestimmt nicht!" Etwas Verzweifeltes flackerte in ihren Augen, und wie so oft glaubte ich in ihre Seele zu schauen ... ich konnte ihr nicht mehr böse sein ... nervös blickte sie auf die Uhr: "Ich muss los," sagte sie eilig ins Auto steigend ... "Ich bin ohnehin schon zu spät." Die Tür knallte zu und sie fuhr los ... wieder einmal blieb das Ganze unausgesprochen ... von diesem Tag an ließ ich nichts mehr von mir hören ... auch sie meldete sich nicht mehr ... ich war immer noch mit Verliebtheit infiziert, unterdrückte die Krankheit so gut es ging und versuchte mich abzulenken ...
Jetzt bekam ich Post aus der Vergangenheit ... eingeschriebene Briefe, Vorladungen, Rechnungen und Mahnungen, die noch zu begleichen waren ...

Weisheit im Schafspelz — ganz unten

Es war an einem der ersten Tage im Januar. Ich hatte es satt dauernd daran zu denken, wo ich meine nächste Ration Pillen und Speed bekam. Ich hatte es satt, mitten in der Nacht schweißgebadet, in meinem völlig durchtränkten Bett aufzuwachen. Ich hatte es satt, dauernd hustend, mit offener Zunge, den stechenden Rauch zu inhalieren. Ich hatte es satt, die Nebenwirkungen der Drogen zu ertragen. Und vor allem hatte ich es satt, ferngesteuert und einsam zu sein.
An diesem Abend rief mich mein Homöopath an: "Guten Abend, Herr Oswald. Jus am Apparat."
Mir stockte der Atem. "Guten Abend Herr Jus", brachte ich knapp heraus.
"Wie geht es Ihnen?"
"Nicht besonders," antwortete ich mich langsam fassend.
"Sucht ist ein Zustand der Unzufriedenheit mit sich selbst", eröffnete er das Gespräch.
Ich erzählte ihm von meinem Überdruss und endete: "In der vergangenen Nacht hatte ich einen Traum. Ich wollte einen Kaktus essen. Er war violett und hatte lange Stacheln, an deren Spitzen

sich, ähnlich wie bei einer Injektionsnadel, Tropfen bildeten. Ich wusste, dass ich von ihm nichts kosten durfte, er sah zu giftig aus."
"Ein Kaktus kann im Traum auf einen Kreislaufkollaps hinweisen", meinte er ruhig. Dies erstaunte mich nicht sehr, denn auch wenn man ein Moped frisiert, braucht man sich nicht zu wundern, wenn es vorzeitig den Geist aufgibt. Als wir auf das Problem mit meiner Lunge zu sprechen kamen, erklärte er knapp: "Der Körper ist eine Kirche, und in der Kirche raucht man nicht." — Dann begann er zu erzählen, dass er in Indien gewesen sei, und wie durch ein Wunder zu verschiedenen Gegenständen und Bildern von seinem geliebten Lehrer B. K. Bose gekommen war. "Er war ein Heiliger, viele die zu ihm gekommen sind, ließen danach die Drogen. Bis heute hatte ich nur eine einzige Fotografie von ihm," erklärte er weiter. "Ich möchte ein kleines Museum mit dem Nachlass einrichten. Ich wollte Sie fragen, ob Sie an diesem Auftrag interessiert wären."
"Natürlich, es wäre für mich eine Ehre," rief ich fast in den Hörer.
"Dann sollten wir uns verabreden. Würde es Ihnen am nächsten Montag passen, sagen wir um zehn Uhr?"
Da ich ohnehin seit Monaten nichts mehr gearbeitet und somit auch nicht termingebunden war, reagierte ich schnell: "Ja, das würde gehen."

Der Aufstieg — Sonnenlicht und Mondschein

Die folgende Nacht sollte nicht so ruhig verlaufen, wie ich es mir erhofft hatte. In meinem Hirn schienen sich die Photonen bei der Kraftübertragung zu überschlagen oder zumindest mit Lichtgeschwindigkeit durch meine Nervenbahnen zu flitzen, als mich ein Knacken im Gebüsch aufschreckte. Mein Oberkörper tat es der Körperbehaarung gleich und richtete sich auf. Ich konnte in der Dunkelheit trotz Mondschein nichts erkennen, wusste aber instinktiv, das jemand da war und mich beobachtete. Noch immer traute ich mich kaum zu atmen, als es erneut im Buschwerk raschelte, dann hörte ich Schritte, die sich schnell wieder entfernten. Ich konnte nicht mehr schlafen. Achtsam lauschend blieb ich liegen und wartete auf die Morgendämmerung.

Am Morgen suchte ich die nähere Umgebung nach irgend welchen Hinweisen oder Spuren ab, konnte aber nichts entdecken, was auf einen menschlichen Besucher hingewiesen hätte. Trotzdem hielt mich nichts an diesem Ort zurück, so machte ich mich auf den Weg und versank schnell in Gedanken.

Mein Denken hatte sich sehr verändert, seit ich die Zivilisation mit all den weltlichen Genüssen und Lastern hinter mir gelassen hatte. Wie viele Dinge mir damals wichtig erschienen, von denen ich glaubte, ohne sie nicht leben zu können. Jetzt sah ich vieles klarer. Nicht, das ich hier lebte wie in Urzeiten oder das es mein Ziel gewesen wäre, zur Steinzeit zurück zu kehren, aber die Verbundenheit mit dem Ganzen wurde einem viel bewusster.

Ich erinnerte mich an einen Ausspruch der mich vor vielen Jahren schon beeindruckt hatte: *Von allen Übeln sind die Schlimmsten, Luxus und Ausschweifung und nur wer in Einsamkeit zufrieden weilt, kann all den Verlockungen des Daseins entkommen.*

Es kam mir vor, als ob jemand in mir erwachen würde, jemand, der zwar schon immer da gewesen, aber nie zu Wort gekommen war. Es war ein gutes Gefühl, wie eine Gewissheit, die über allem stand. Ich ging noch eine Weile weiter bevor ich Rast machte.

Ein Blick in den Rucksack bestätigte meine Annahme, es war nichts Essbares mehr zu finden ... gähnende Leere ... Nur das Buch und eine Flasche mit Wasser waren noch übrig. Ich entschied mich zuerst fürs Wasser, dann fürs Buch ...

Loslassen

Endlich eine Veränderung ... wieder einmal frei sein ... ungewiss, wohin es einen führt ... Hoffnung, Träume, Unsicherheit, ein Gefühl im Bauch das Richtige zu tun ... ein wenig Angst, gleichzeitig begierig auf das Gefühl des Loslassens ...
Dann das Eintauchen ins kalte Wasser, alles zieht sich zusammen ... versucht sich wieder zu entspannen ... allmählich atmet es langsamer ... ein paar zaghafte, dann schnellere Züge im Wasser ...
Das leise Plätschern des verdrängten Wassers, durchbrechen einer spiegelglatten Oberfläche ... die frische klare Luft, das Farbenspiel der entstehenden Wellen ... weiße Wolken, blauer Himmel ...
Allein, befreit, frisch, wach und stark ... dann das Erwachen ... feststellen, immer noch an einem Ast fest zu halten ... loslassen, festhalten, loslassen, festhalten ... loslaaaaaaaaaaahhhhhhhhhhhaaaaaahhhh

Ich genehmigte mir noch einen großen Schluck, von dem schon etwas warm gewordenen Wasser und dachte: Glücklich zu sein ist so wesentlich, so grundlegend.
Ich setzte den Deckel auf die Flasche und drehte den Verschluss zu. Vom Sonnenlicht geblendet, die Augen zusammen kneifend, betrachtete ich die Landschaft. Ein Berg in der Ferne erinnerte mich an einen Mönchskopf, da fiel mir eine Geschichte ein:
Es war einmal ein Mönch, der ein sehr strenges Leben geführt hatte. Als er starb, fragte er Gott: "Ist jetzt endlich Schluss? Oder wie oft muss ich noch bis zur letzten Befreiung wiedergeboren werden?"
"Viermal," antwortete der Herr.
"Nein!" schrie der Mönch erbost, "und ich habe mich so bemüht! Wie ungerecht!"
Im gleichen Augenblick stellte in einem anderen Land ein anderer Mann, der in Saus und Braus gelebt hatte, die gleiche Frage. Er bekam zur Antwort: "Du musst noch 2765 Leben lang nachsitzen." Der Mann rief begeistert aus: "Juchhu! Gesegnet sei dieser Tag! Noch 2765 mal soviel Spaß! Ich Glückspilz!"
In diesem Moment gelangte er zur Erleuchtung und war befreit.

Weisheit im Schafspelz — der beste Schüler

Seit einigen Tagen hatte ich aufgehört zu rauchen. Ich nahm auch sonst keine Drogen mehr. Doktor Jus empfing mich in seinem Haus. Ich hatte mich etwas verspätet. Der Verkehr hatte mich länger aufgehalten als erwartet.
"Man kann auch zu spät aufstehen," sagte er mit ermahnender Stimme, nach dem wir uns gesetzt hatten.
Seine Frau kochte Tee und schmunzelte, als ich ihm entgegnete: "Ich bin ja schon aufgestanden." Er blieb ernst und ich merkte, dass mein Grinsen fehl am Platz war. Der Tee wurde serviert. "Das ist Chai," stellte ich fest.
"Er kennt Chai", sagte Dr. Jus erstaunt zu seiner Frau. Ich hielt es für unpassend zu erwähnen, dass ich das Getränk von Goapartys kannte.

Seine Frau war aufgestanden, um einige der gefundenen Gegenstände zu holen. Es waren traditionelle indische Kleidungsstücke, Messinggefäße, Fotografien, ein Stock und eine Brille.
"Das war seine Brille, wenn man ihm in die Augen schaute, wurde es einem beinahe schwindlig, so stark waren die Gläser."
Ich griff sorgfältig nach dem Gestell und schaute hindurch. Mein gut sehendes Auge zukneifend meinte ich: "Fast die richtige Stärke für mein linkes Auge."
Sie schauten mich fragend an.
"Hornhautverkrümmung, ein Geburtsfehler," meinte ich beiläufig. "Früher trug ich eine Brille."
Herr Oswald ist eitel, dachte er den Blick seiner Frau kreuzend, den Grund weshalb ich keine Brille mehr trug erkennend.
Von den Gegenständen ging eine Kraft aus, die den ganze Raum erfüllte.
"Was könnte das sein?" Er reichte mir ein einzelnes rundliches Teil. Mir war, als ob er mich testen wollte.
"Sieht aus wie das Pendel von einer alten Uhr."
"Wir haben tatsächlich eine Uhr von ihm. Sie steht seit seinem Todestag still. Wir wollten sie reparieren lassen. Es ist jedoch nicht möglich", sagte er etwas traurig, als ob es bedeuten würde, dass Bose den Kreis der Reinkarnation hinter sich gelassen hätte.
"Hahnemann war der Begründer der Homöopathie. Kent entwickelte später die Hochpotenzen, genau nach Hahnemanns Prinzipien. Bose war Kents bester Schüler, er war schon sehr alt, als ich zu ihm kam. Er war der letzte noch lebende Schüler von Kent. Und ... ", er hielt für einen Moment inne.
"Sie sind der beste Schüler von Bose," beendete ich den Satz und wünschte mir im Geheimen, sein bester Schüler zu sein.
"Mir gefällt, wie Sie arbeiten", fuhr er mit der gleichen Ernsthaftigkeit fort. Ich begann mir schon etwas darauf einzubilden.
"Ich kenne viele Künstler", bremste er meinen Höhenflug. "Wir wollen etwas von Ihnen." Ohne näher darauf einzugehen erklärte er mir, welche Bilder er gerne gemalt haben würde und wie er sich das Ganze vorstellte.
"Wollen Sie nur die Bilder malen oder die ganze Ausstellung gestalten?", fragte er zum Schluss.

"Ich mache alles", antwortete ich ohne zu zögern.

Ich hatte mich schon einige Meter vom Haus entfernt, als mir eine Unklarheit bewusst wurde. "Wohin soll ich die Offerte schicken? In die Praxis oder zu Ihnen nach Hause?"
Dr. Jus stand immer noch unter dem Türrahmen, als ob er darauf gewartet hätte. "Das spielt keine Rolle. Ich bin überall," antwortete er lächelnd mit funkelnden Augen.
"Verstehe," erwiderte ich grinsend.

Vom Alltag eingeholt — Mittwoch 2. August ... 05.08 Uhr

Soeben hatte ich wieder einen meiner zündenden Einfälle und hängte den schmalen, langen Spiegel, den ich neulich geschenkt bekommen hatte im Badezimmer auf ... und zwar so, dass man sich auf dem WC sitzend betrachten konnte ... darüber die Aufschrift: Erkenne dich selbst.
Ich betätigte die Klospülung ... und schon vermischten sich literweise Wasser mit Urin, um stark verdünnt in der Tiefe zu verschwinden ... zurück blieb ein Glubschen und das Geräusch des Wassers beim erneuten Füllen des Spülkastens ...
Es waren schon einige Wochen vergangen, seit ich mich zu Hause eingeschlossen, mit meiner Vergangenheit beschäftigte ... in vieles hatte ich schon Licht gebracht ... vieles aufgeräumt und rein gefegt ... so durchstöberte ich erneut einen Stapel mit alten Zeichnungen, Texten, Schnipsel und Entwürfen ... dabei stieß ich auf den Abschiedsbrief an das Leben:

Nach reiflichem Überlegen und jeglichen Anstrengungen das Leben nüchtern zu ertragen, bin ich zum Schluss gekommen, dass es ohne Stimulanzien nicht lebenswert ist ... Ich habe verschiedene Wege probiert, bin jedoch immer wieder an meiner Empfindsamkeit gescheitert ... solange ich mich in diesem Körper begrenzt, von anderen getrennt wahrnehme, bin ich verletzlich ... und zwar so, dass ich es in nüchternem Zustand nicht länger ertragen kann ...

Ich hatte ein halbes Jahr lang allem entsagt, was auch nur im Geringsten als ungesund bezeichnet wird ... leider musste ich feststellen, dass mein Hirn nicht zu steuern ist ...
Es ist nicht so, dass ich die Vorzüge meiner Sensibilität nicht zu schätzen wüsste ... im Gegenteil, ich liebe sie ... aber länger kann ich es nicht ertragen ... Natürlich bringe ich mich nicht um ... dafür fehlt mir der Mut ... nein, ich habe den schleichenden Selbstmord gewählt, wie so viele andere auch, ohne sich dessen bewusst zu sein ... Ich werde mich wieder ins Feld der Partygeneration einklinken und meine trüben Gedanken fort spülen ...
Es gibt keinen Sinn den Menschen zu helfen ... Die Menschheit ist wie ein Geschwür, ein Tumor ... natürlich bösartig, nicht mehr zu heilen ... wir breiten uns aus ... wachsen stetig, vernichten, was uns nicht gefällt, und wenn die Erde nicht genug Abwehrkräfte besitzt, um sich zu regenerieren, werden wir sie ersticken ... wenn es sein muss mit Partys ...
Entweder du wirst ein Workaholic, drogensüchtig oder du trittst in eine Sekte ein ... am besten würden wir uns nicht mehr fortpflanzen ... denn sind Kinder nicht gezüchtetes Leid?

Glücklicherweise habe ich dieses Tief schon überstanden, dachte ich den Text beiseite legend ... die Unzufriedenheit hatte sich auf eine erträgliche Dosierung reduziert ...
Auch wenn ich noch immer das System anzweifelte, wusste ich, dass man nur sich selbst, aber niemals die anderen ändern konnte.
Ist es nicht verrückt, fiel mir ein, man muss es ein Leben lang mit sich selbst aushalten. Um so schlimmer ist es, wenn man noch nicht einmal weiß, mit wem man es überhaupt zu tun hat.
Ich griff nach einem Karton auf dem Stapel ... es handelte sich um eine Unterlage, die ich zum Schneiden von Fotos verwendet hatte ... sie war mit Farbe voll gekleckert und so verschnitten, dass sich die ersten Schichten schon zu lösen begannen ... mit Bleistift hatte ich verschiedene Einfälle darauf notiert ... sie waren verschmiert und zum Teil kaum zu entziffern ...

Bis jetzt dachte ich immer, dass ich der Einzige bin, der nicht in euer Spiel eingeweiht ist, las ich den Karton langsam drehend, um dem Verlauf der Schrift zu folgen, *bis ich merkte, dass ihr es seid, die von diesem Spiel nichts wissen.*
Meine Schrift war kaum leserlich, so schnell musste ich damals geschrieben haben ...
Wenn alle mit ihren Problemen zu dir kommen, erriet ich den Anfang eines anderen Satzes, *könnte es sein, dass du etwas richtig machst ... andernfalls hast du bloß viel Geld. ...* Ich drehte die Unterlage, um die Rückseite zu betrachten ...
Was soll ich auf dieser Welt?
Ich werde einfach das Gefühl nicht los, das falsche Drehbuch gelesen oder sogar auf dem falschen Planeten zwischen gelandet zu sein ...
Denn was soll ich auf einer Welt, auf der es das höchste Ziel ist, die monatlichen Rechnungen zu bezahlen ...
Was soll ich auf einer Welt, auf der die Liebe nach jedem Orgasmus erlischt ...
Was soll ich auf einer Welt, auf der du, wenn du dich öffnest, nur voll geschissen und wieder zugeschnürt wirst ...
Was soll ich auf einer Welt, auf der wir die Früchte lieber verfaulen lassen, als sie mit anderen zu teilen ...
Was soll ich auf einer Welt, auf der es darum geht besser zu sein als andere, um damit bei seinen Feinden prahlen zu können ...
Was soll ich auf einer Welt, auf der alles was du tust und sagst, gegen dich verwendet wird ...
Was soll ich auf einer Welt, auf der Sex so groß geschrieben wird, dass wir Viagra und Vakuumpumpen benötigen, um uns schlussendlich selbst zu befriedigen ...
Was soll ich auf einer Welt, auf der die Suche nach dem Schuldigen kein Ende nimmt ...

Der Aufstieg — der Bergsee

An diesem Tag verging die Zeit wie im Flug und die leichte Briese war wie gemacht, um mein Gehirn zu lüften. Gegen Abend erreichte ich einen kleinen Bergsee, er lag inmitten eines kesselähnlichen Gebirges. Bis auf ein kleines bewaldetes Gebiet, war die Gegend von Felsbrocken übersät und nur spärlich bewachsen, so, dass ich mich zwischen Felsbrocken durchwinden musste, um zum Ufer zu gelangen. Ich kletterte auf einen massiven Brocken, um die Umgebung zu inspizieren.
Von hier konnte ich den ganzen See überblicken. Der Wind hatte zugenommen und ließ Schaumkronen auf den Wellen entstehen. Für eine Weile schloss ich die Augen und genoss es, den Wind in meiner Kleidung und den Haaren zu spüren. Schon immer hatte ich eine tiefe Verbundenheit mit dem Wind gespürt, als ob jemand mit mir sprechen oder mich umarmen würde.
Wieder spürte ich Blicke auf mir. Ich schlug die Augen auf und erblickte auf einem der Steine, die unmittelbar beim Ufer lagen, eine Gestalt.
"Wer mag das sein? Was macht er hier oben und wann ist er gekommen?" überlegte ich.
Beim genaueren Hinschauen merkte ich, dass er mit den Händen fuchtelte ... oder winkte er mir zu? Erst wollte ich mich aus dem Staub machen und davon schleichen, denn eigentlich suchte ich eher Ruhe, als Gemeinsamkeit. Ich entschied mich dann aber doch, dafür zu schauen, um wen es sich handelt und ob der Betreffende Probleme hatte.
Als ich näher kam sah ich, dass es ein älterer, bärtiger Mann war, dessen Haltung Würde verriet. Die Haut war von der Sonne gebräunt und in den Augenwinkeln mit Lachfalten übersät, die ihn trotz der Autorität die er ausstrahlte, gutmütig erscheinen ließen. Er begrüßte mich mit den Worten: "Auf dich habe ich gewartet."
Mein Gehirn reagierte blitzschnell und brachte es mit dem Ereignis der vorangegangenen Nacht in Zusammenhang. Antworten konnte ich jedoch nicht, weil es mir warm und kalt den Rücken hinunter lief, als er mir tief in die Augen schaute.

Ich wusste nicht was es war, aber nie zuvor hatte ich etwas derartiges erlebt. Noch bevor ich fragen konnte, ob er sich sicher sei, dass keine Verwechslung vorliege und woher er mich kenne, antwortete er: "Ich kenne deine Seele."
Ich brachte kein Wort heraus, den Mund nicht mehr zu und als ob das noch nicht gereicht hätte, sagte er: "Komm mit, du musst hungrig sein, ich habe etwas vorbereitet."
Ehe ich mich versah, legte er mir freundschaftlich den Arm auf die Schulter und führte mich dem See entlang zu einem etwas abseits gelegenen Steinhaus. Es war so gut in die Landschaft eingegliedert, das man es erst beim Näherkommen wahrnahm.
Noch immer brachte ich kein Wort heraus, so verwirrt war ich, so Vieles ging mir durch den Kopf. Trotzdem fühlte ich mich wohl und irgendwie geborgen in seiner Nähe.

Weisheit im Schafspelz — das Zeichen

Ich machte mich auf die Heimfahrt. So vieles ging mir durch den Kopf. Vieles was mir Dr. Jus gesagt hatte wurde mir erst später richtig klar. Die Frontscheibe meines Autos war vom Salzwasser völlig verdreckt. Das Scheibenwischerwasser war mir ausgegangen. Ich war total Pleite und so blieb mir nichts anderes übrig, als die Scheibe mit Schnee zu reinigen.
Dieser Auftrag war meine Rettung, denn ich hatte mich in den vergangenen Monaten verschuldet. Vielleicht wollte mir das Universum absichtlich den Hahn zu drehen, um mir verständlich zu Machen, dass es Zeit wahr die Drogen zu lassen.
"Bei diesem Auftrag können Sie ein normales Honorar verlangen. Das Geld stammt aus der B. K. Bose Stiftung," erinnerte ich mich an seine Worte.
"Bose würde sich freuen, wenn er wüsste wer dieses Geld bekommt."
Ich stoppte an einem Rotlicht. Was war denn das? Meine Digitaluhr im Auto lief wieder. Genau 11.33 Uhr zeigte sie an. Das könnte stimmen. Es waren bestimmt drei Monate vergangen,

seit sie das letzte mal etwas angezeigt hatte. Denn sie funktionierte nur dann, wenn es wichtig war oder ich mich beeilen musste. Jedenfalls interpretierte ich das so.
Für mich war mein Auto sowieso speziell, denn es schien in direktem Zusammenhang mit mir und meinem Körper zu stehen. So ging der Stabilisator kaputt, wenn mich etwas aus dem Gleichgewicht brachte, die Batterie war leer, wenn ich meine ganze Energie verbraucht hatte, der Ventilator zum Kühlen fiel aus, wenn ich überhitzt war, oder der Scheibenwischer versagte, wenn ich den Durchblick verloren hatte.
Einmal kam es sogar vor, dass man die Beifahrertüre nicht mehr schließen konnte. Allerdings nur solange bis meine Exfrau wieder ausgestiegen war. Die ganze Fahrt musste sie die Türe zuhalten. Anders verhielt sich meine Türe, sie ließ sich von innen nicht öffnen. Erst als ich alleine Zuhause angekommen war, funktionierte alles wieder normal.
Es wurde grün, der Wagen hinter mir schloss ungeduldig auf.
Was meinte Dr. Jus damit, als er sagte: "Wir brauchen Sie," überlegte ich und schaltete einen Gang höher.
"Ist es nicht eher so, dass ich ihn brauche?"
In der Kurve rutschten die Bücher auf dem Beifahrersitz, die er mir mit den Worten geschenkt hatte: "Alle meine Schüler bekommen die von mir. Suchen Sie ihren Kindertyp heraus."
Dann signierte er beide Exemplare und meinte zu einer Angestellten: "Herr Oswald ist ein Fan der Homöopathie."
"Ach so," hatte sie lächelnd entgegnet.

Vom Alltag eingeholt — Dienstag 8. August ... 15.25 Uhr

'Wahre Stärke erwächst durch Anerkennung der eigenen Schwächen,' war der Satz, der mich beim erneuten durchstöbern meiner alten Texte ins Auge stach ... Schwächen hatte ich ja genug ... aber zu wissen, dass etwas nicht gut ist, hütet uns nicht davor, es trotzdem zu tun ... und da wir nun mal alles was uns gefällt wiederholen wollen, meist aber nicht über die nötige Stabilität verfügen, können Dinge zu Drogen werden ...

solche Erfahrungen hatte ich genug, um zu wissen, das Suchtverhalten aus Mangel an Liebe entsteht, vor allem an Liebe zu sich selbst, denn niemand kann dich mehr lieben als du dich selbst ...
Ich schlürfte einen Schluck von meinem frischen Kaffee, stand wieder auf, um ein wenig umher zu gehen ... mich zu lockern von der ständigen Arbeit am Bildschirm ... dann öffnete ich das Fenster und atmete tief ein ... der Himmel war bedeckt, doch die Wolkendecke schien in diesem Moment aufzureißen und ein erster Sonnenstrahl blitzte mir ins Gesicht und erhellte mein Gemüt ...
Es ist das Streben nach Licht und Wärme, das eine Zwiebel zur Tulpe werden lässt. Und nach was streben wir? ... Nach Ruhm und Reichtum ... nach Geld und Ansehen? ... Wann werden wir merken, dass wir mit jedem Besitz ein Stück von unserer Freiheit verlieren ... denn Besitz ist eine Illusion, nicht einmal unseren Körper besitzen wir wirklich ... wir haben uns nur für eine gewisse Zeit eingemietet. Es ist das Vergängliche das uns wirklicher erscheint ... dabei birgt jeder Verlust ein Gewinn in sich ... und jeder Gewinn birgt ein Verlust in sich ... meist ist es die Freiheit ...
Die Wolken schoben sich erneut vor die Sonne und sogleich verdunkelten sich meine Gedanken aufs Neue ... es sah wieder nach Regen aus ... ich legte mich hin und versucht mich zu entspannen ... dann tauchte ich wieder in die Erinnerung ein ...

Von der Traurigkeit

Ein Kind stirbt ...
Ein Krieg wird angezettelt ...
Ein Auto rast vorbei ...
Es regnet in Strömen ...

Ein Baum wird gefällt ...
Eine Frau wird vergewaltigt ...
Ein Tier wird geschlachtet ...
Es regnet in Strömen ...

Ein Mann schlägt seine Frau ...
Ein Kind verliert seine Eltern ...
Ein Igel wird überfahren ...
Es regnet noch immer ...

Ich habe keine Nerven für ein Kleinkind ...
Ich schreie meine Frau an ...
Tränen nichts als Tränen ...
Hoffentlich lässt der Regen bald nach ...

Der Aufstieg — warme Küche

Das Haus war sehr schlicht gehalten und erinnerte an einen umgebauten Viehstall, wie man sie auf Alpen oder in Bergtälern manchmal zu sehen bekam. Das Dach war mit Steinplatten belegt und es gab nur ein einziges Fenster, das aber einen schönen Ausblick versprach. Im Innern befand sich ein Holzherd, der vermutlich zum Kochen und Heizen zugleich diente und einen massiven Holztisch mit zwei Stühlen. An der Wand hing eine Kalligrafie, darunter war zu lesen: 'Einen Menschen zu verurteilen, selbst aber nicht fähig sein, ihn zu Besserem zu beeinflussen, ist das gleiche, wie einen aus den Flammen zu erretten, um ihn hierauf ins Wasser zu werfen.'
Der Dunkelheit wegen war der hintere Teil des Raums nur zu erahnen. Über dem gedeckten Tisch hing eine Petroleumlampe.
Die ganze Szene erinnerte mich irgendwie an Schneewittchen und die sieben Zwerge, nur dass keiner von den Besagten anwesend war.
"Wohnst du schon lange hier?" traute ich mich endlich zu fragen. Er hatte gerade Holz nach geschoben und hantierte mit einer Bratpfanne: "Nein, erst seit ein paar Tagen. Ich komme jeden Sommer hier her."
Es begann zu brutzeln und der Geschmack von frisch gedünsteten Zwiebeln und gebratenen Kartoffeln erfüllten den Raum.
Mir lief das Wasser im Mund zusammen.

"Wieso wusstest du, dass ich kommen würde, ich habe mit niemandem darüber gesprochen."
"Bist du dir da ganz sicher?" fragte er mich eindringlich betrachtend. Ich überlegte noch wie er das meinte, als er schon weiter fuhr: "Es gibt noch andere Möglichkeiten sich zu verständigen, als die alt hergebrachten. Aber setz dich jetzt hin, das Essen ist fertig."
Er schöpfte beiden eine anständige Portion und setzte sich ebenfalls hin. Für eine Weile wurde es still, bis auf das Klappern des Geschirrs und unsere Kaubewegungen. Dann fragte ich mit halbvollem Mund: "Gibt es einen Grund für unser Treffen?"
"Alles hat einen Grund, nichts geschieht einfach so."
Er hob seinen Blick vom Teller und ich glaubte ein Blitzen in seinen Augen zu erkennen, als er weiterfuhr: "Vielleicht bin ich einer deiner Wünsche."
Was meinte er damit? Woher sollte er meine Wünsche kennen, wenn ich sie nicht einmal kannte. Aber irgend etwas ließ mich nicht an dem Gesagten zweifeln. Vor Jahren hatte ich Bücher über Gurus und ihre Schüler gelesen und die Aussage: "Der Lehrer wird kommen, wenn der Schüler bereit ist", hatte es mir damals schon angetan, und ich versuchte mir vorzustellen wie es wäre, einen Weisen zu kennen. War er dieser Weise? Wieso kam er dann erst so viele Jahre nachdem ich es mir gewünscht hatte? War ich jetzt dafür bereit? Er sah mich mit einem Lächeln auf den Stockzähnen an, als ob er mich durchschauen würde.
"Wir werden noch genug Zeit haben, um darüber zu sprechen. Für den Moment genügt es für dich zu wissen, dass Erkenntnis sich nicht von anderen erlernen lässt. Erkenntnis muss aus dem eigenen Ich hervorgehen. Aber für heute reicht es. Da hinten liegt eine Matte, du kannst dort schlafen. Ich muss noch weg."
Beim Hinausgehen bemerkte er noch: "Abwaschen kannst du im See." Dann verschwand er, was mir gerade recht war. Endlich hatte ich einmal Zeit, das Erlebte zu überdenken. Wollte ich überhaupt hier bleiben, nichts hinderte mich daran, zu gehen.
Der See wirkte beruhigend, nur das Plätschern war zu hören. Das Farbenspiel des dämmernden Abendhimmels widerspiegelte sich auf dem Wasser. Die kleine Bucht schien mir geeignet

für den Abwasch, so setzte ich mich auf einen Stein, tauchte einen Teller ein und rieb ihn mit dem Schwamm sauber. Ein Ölfilm entstand und breitete sich aus.
Gehen kann ich ja jederzeit, ging es mir durch den Kopf. Die Speisereste sanken um sich kullernd ab und setzten sich auf dem Grund.
Vielleicht stimmt das was er mir erzählt ja wirklich, ...
Das Geschirr klapperte beim Aufeinanderstellen. Ich füllte die Bratpfanne mit Wasser, um das Angebrannte einzuweichen.
Andererseits braucht man sich über eine Gewichtszunahme nicht zu wundern, wenn man sich von jedem Bären etwas aufbinden lässt, dachte ich, das Geschirr abtrocknend. Käse klebte an den Gabeln, und ich musste ganz schön rubbeln, um sie zu säubern. Als ich fertig war, stapelte ich das Geschirr im Korb.
"Na gut, er hat mich mit seiner Begrüßung überrumpelt, aber wer kann da schon Nachtragend sein", überlegte ich und mir fiel ein: "Wozu sollte man jemandem etwas nachtragen, wenn er es genau so gut selbst tragen kann, oder es gar nicht mehr haben will."
Ich griff nach dem Korb, um ihn zur Hütte zu bringen. Die Wiese war taunass und am Horizont konnte man bereits die Venus leuchten sehen.
Oben angekommen, zündete ich die Petroleumlampe an, räumte das Geschirr ein und setzte mich dann auf die Bank vor der Hütte. Ich hatte das "Zauberbuch" dabei, um es wie gewohnt vor dem Schlafen zu befragen ...

Das Tier in dir

Kennst du ihn auch, den hungrigen Löwen in dir? Bist du auch schon zähneknirschend und fauchend mit ihm durch die Wälder geschlichen?
Und kennst du auch die wilde Löwin, die mit viel Geschick und Eleganz um dich streift und sich knurrend und fauchend mit dir vereint?
Kennst du es auch, dieses Tier in dir, das manchmal kaum zu bändigen ist ... dieses nimmersatte Wesen, vor dem du manchmal selbst erschrickst?
Hast du auch dieses urtümliche, animalische Gespür, das man nur aus sich herausarbeiten, aber nicht in Worte fassen kann?
Kannst du es auch nicht lassen, dich immer wieder mit ihm einzulassen, trotz der großen Gefahr ...
Dann lass uns doch gemeinsam durch die Wälder pirschen, zähneknirschend, knurrend, fauchend ...

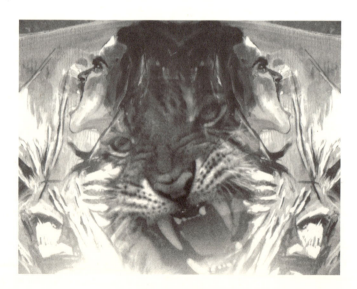

Die Dunkelheit brach herein und der See schien sich schwarz zu verfärben.
'Das Wichtigste ist, herauszufinden was das Wichtigste ist', erinnerte ich mich an die Worte des Alten.
Die Nacht begann das Sichtbare immer mehr zu verschlucken und die Berge hoben sich groß und mächtig vom nachtblauen Himmel ab. Noch eine Weile ließ ich die Stille auf mich einwirken.
Nur wer sich in Ganzheit übt, wird sich selbst entdecken, überlegte ich und entschied mich, ins Innere der Hütte zu gehen. Die Petroleumlampe warf riesige Schatten auf die Wände. Ich machte es mir auf der Matte bequem, legte mich auf den Rücken und ließ meine Gedanken immer mehr gehen, bis ich schließlich einschlief.
Mitten in der Nacht wachte ich auf. Vor meinen Augen sah ich noch immer das Bild aus dem Traum:
Ich befand mich in einem Labor, voll mit gläsernen Gefäßen und blubbernden Apparaturen. Zwei Reagenzgläser gegen das Licht haltend, stand ich, die verschiedenen Flüssigkeiten betrachtend da. Die gelblich schimmernde hatte ich schon untersucht und festgestellt, dass etwas noch nicht ganz in Ordnung war. Die andere Flüssigkeit war klar. Aber beide enthielten Eis. Ich stocherte in ihnen, wie in Cocktailgläsern, als ob es etwas zu finden gäbe.
Ich schlief wieder ein und als ich erneut aufwachte, schien bereits die Sonne zur offen stehenden Türe hinein. Schnell stand ich auf und machte mich auf zum See, um mich zu waschen. Dort traf ich auf den Alten, der anscheinend schon eine ganze Weile hier unten saß und die Morgenstimmung genoss.
"Guten Morgen, gut geschlafen?", begrüßte er mich munter. Ich bejahte und erzählte ihm meinen Traum.
"Du scheinst etwas verändern zu wollen, aber mit dem Resultat noch nicht ganz zufrieden zu sein", meinte er nachdenklich.
"Du bist nahe dran, aber irgend etwas ist noch nicht geklärt ... deshalb die Farbe ... Am Eis liegt es nicht, es vergeht ohnehin an der Wärme", er unterbrach, um mich eindringlich anzusehen, dann meinte er: "Du suchst nach Weisheit ... aber vergiss nie, Weisheit kann nur von Weisheit erkannt werden. Der Fluss

entsteht aus Quellen, der Baum erwächst aus Wurzeln. Und so ist es Weisheit, welche auf der Suche ist nach Weisheit."
Damit schien unsere morgendliche Unterredung beendet zu sein, und er machte sich auf den Rückweg. Ich blieb noch eine Weile allein zurück, froh darüber, dass er mir genügend Zeit ließ, das Gesagte zu überdenken.
In der Zwischenzeit hatte der Alte das Frühstück vorbereitet. Ich setzte mich zu ihm und fragte: "Wie kann ich mich fürs Essen revanchieren?"
Er zögerte nicht lange und meinte: "Hinter dem Haus gibt es einen kleinen Garten. Er ist zugewuchert und voller Steine. Den könntest du auf Vordermann bringen."
"Kein Problem", entgegnete ich den heißen Tee schlürfend.

Vom Alltag eingeholt — Montag 7. August ... 17.30 Uhr

Meine Nerven riefen zum Protest auf und verlangten nach Entspannung. Ich entschied mich einkaufen zu gehen ... schon den ganzen Weg rang die Vernunft mit der Gier nach Alkohol. Noch vor dem Getränkeregal stritt ich mit mir selbst, doch dann siegte der Schweinehund mit der Argumentation: 'Heute ist schönes Wetter.' Ebenso gut hätte ich mich fürs Trinken entscheiden können, weil ich so traurig bin, weil die anderen es auch tun, weil ich so glücklich bin oder weil ich Ferien habe. Jetzt saß ich mit einer Flasche Sekt auf der Mauer am Fluss und lauschte mit zusammengekniffenen Augen dem Getöse des Wassers. Das Sonnenlicht reflektierte sich auf dem stufenweise kanalisierten Flusslauf, und das Prickeln in der Kehle verwandelte sich allmählich in schleierhafte Gedankengänge.
Alles erschien weicher, einfacher, unkomplizierter und fröhlicher. Sentimentalität machte sich breit und ließ meinen Blick übers glitzernde Nass schweifen, bis er auf einer gegen die Strömung treibenden Flasche haften blieb.
"Da stimmt etwas nicht", stellte ich mit Verzögerung fest.
Im Becken unter mir musste sich eine Art Strudel gebildet haben, der Treibholz, Schmutz und verschiedene Abfälle in

einem größeren Kreis der Mauer entlang nach oben und dann mit dem Flussverlauf wieder nach unten transportierte, um sie dann erneut nach oben zu befördern. Für die Flasche schien es kein Entrinnen zu geben, immer wieder wurde sie von der Gegenströmung erfasst und im Kreis gedreht. Lange beobachtete ich die Szene, ab und zu kamen Neuankömmlinge dazu. Auch sie begaben sich auf die unendliche Reise und taten sich schwer damit aus dem Teufelskreis auszubrechen.

Weisheit im Schafspelz — Verbundenheit

Die folgende Zeit verbrachte ich mit Malen, Lesen, Spazierengehen, Essen und Schlafen. Morgens und abends meditierte ich. Ich ernährte mich vorwiegend von Gemüse und Obst, presste frische Fruchtsäfte, trank literweise Wasser und hielt meinen Körper von Drogen frei. Verschiedene Arbeitsangebote sagte ich für die folgenden drei Monate ab. Ich wollte mich voll und ganz auf diesen Job konzentrieren.
Schon am ersten Abend hatte ich eine Skizze von Bose angefertigt. Ich fühlte ganz stark seine Anwesenheit.
'Wenn Sie ihn anschauen, schaut er Sie an', erinnerte ich mich an die Erklärung meines Homöopathen. Und als ich an diesem Abend nach einem Spaziergang nach Hause kam, balancierte eine schwarze Katze über die Mauer auf dem Vorplatz und im Wind konnte ich etwas wie eine Schwingung spüren.
Schon als ich das Bild von Kent malte, kullerten mir die Tränen nur so runter. Es war eine Verbundenheit die mich überkam, als ob ich seine Seele kennen würde.
'Bose war der James Bond der Homöopathie', hatte mir Dr. Jus einmal erzählt. Jetzt beschäftige ich mich mit ihm wie Sherlock Holmes.
Bose war ein Rebell, ein Untergrundkämpfer, der sich für ein unabhängiges Indien einsetzte, las ich interessiert. *Um der Verhaftung zu entgehen, um fortgeschrittene Techniken zur Herstellung von Handgranaten zu erlernen und Kampfwaffen zu besorgen, floh er zuerst nach Frankreich, dann in die*

Vereinigten Staaten. Tagsüber studierte er als Vorwand Homöopathie, nachts beschäfige er sich in der Unterwelt mit Gewalt.
Der Gedanke, dass auch Bose sich mit den Schattenseiten des Lebens beschäftigt hatte, gefiel mir.
Als Bose sich um die Aufnahme ins Hering Medical College bemühte, traf er auf J. T. Kent, las ich gespannt weiter. *Dieser zeigte Interesse und fragte: "Also, Bose, sie möchten die Zulassung für die homöopathische Abteilung?"*
"Ja, Sir!" kam die Antwort schnell und ergeben.
"Ist die Homöopathie in ihrem Land anerkannt?"
"Nein, Sir!" stimmte Bose ruhig dieser Tatsache zu.
"Werden Sie, nachdem Sie das Diplom in Homöopathie erlangt haben, dort eine Arbeitsmöglichkeit bekommen?"
"Nein, Sir!"
"Dann müssen Sie total verrückt sein, diese Wissenschaft zu studieren, die für Sie keinen Nutzen, keine Anerkennung, keine Zukunft hat."
"Sir, mit Verlaub, Sie müssen noch verrückter sein, Studenten zu unterrichten, die keine Arbeitsmöglichkeit oder Zukunft haben in ihren Heimatländern, und Ihre Regierung muss die verrückteste aller verrückten Regierungen sein, wenn sie solchen Studenten Pässe und Visa bewilligt. Sie waren Sklaven, wir sind Sklaven, sie sind unabhängig, und wir werden unabhängig sein. Die Studenten des unabhängigen Indien werden später nicht mehr hierher kommen, um Homöopathie zu studieren, sie werden ihre eigenen Schulen haben."
Kent hörte seine Geschichte, lächelte freundlich, gab ihm väterlich einen Klaps und nahm ihn ins 'Hering Homeopathic Medical College' auf.
Kent war es, der aus dem Rebellen einen Homöopathen, aus dem Anarchisten einen Heiler menschlicher Leiden machte. Bijoy Kumar Bose wurde Arzt.
Ich legte das Buch zur Seite.
War es das, was Dr. Jus meinte, als er sagte: Wir wollen etwas von Ihnen?, fragte ich mich. Sollte ich Homöopathie studieren? Oder wollte er bloß, dass ich keine Drogen mehr nahm? War der Auftrag in Wirklichkeit ein Entzug?

Vom Alltag eingeholt — Dienstag 8. August ... 17.59 Uhr

Als mein Gehirn wieder einmal zu kochen drohte, versuchte ich durch alltägliche Hausarbeiten, Ruhe in das Gewirr zu kriegen. Ich erledigte den Abwasch und war gerade dabei die Teller zu spülen, als mir gezwungenermaßen, der Wasserhahn ins Blickfeld trat. Zu ihm hatte ich im Verlauf der Jahre, eine spezielle Beziehung aufgebaut ...
Mein Wasserhahn, es ist zur Zeit einer der moderneren, bei dem man nur noch den Hebel anheben muss, um das Wasser ins Fliessen zu bringen. Der Hahn selbst, ist mit einem Schlauch versehen und einer Brause ausgestattet, welche durch Knopfdruck umgeschaltet werden kann.
Jetzt zum Problem ... seit einiger Zeit ist der Knopf, um auf Normalbetrieb umzuschalten kaputt und zwar so, dass statt des weißen Knopfs, nur noch rostige Ringe und Schrauben zu sehen sind ... Auffallend daran ist ein aus allem hervorragender Stift ... und genau um diesen geht es auch ...
Denn immer, wenn man das Wasser abstellt, sinkt er hinunter, anders beim Andrehen, genauer gesagt, Anheben des Wassers, dann bleibt der Stift unten, was nicht wirklich gut ist, da dann das Wasser nicht wie normal aus dem Hahn fließt, sondern mit aller Wucht, um diesen besagten Stift herum hinaus spritzt, was meistens einen nassen Kopf und eine riesige Schweinerei zur Folge hat ...
Es gibt da aber eine Möglichkeit das Ganze zu umgehen ... und jetzt kommt der Trick ... Man braucht nur den Stift hoch zu ziehen, bevor man das Wasser andreht und alles funktioniert normal ...
Anfangs habe ich mich fürchterlich geärgert, wenn ich wieder einmal tropfnass in der überschwemmten Küche stand ... doch dann überlegte ich, was mir der Hahn mit seinen vulkanartigen Ausbrüchen mitteilen wollte und kam zu dem Schluss, dass er mich auf meine Abwesenheit aufmerksam machen wollte ...
Seither leben wir in Ruhe und Frieden miteinander und nur selten kommt es vor, dass sich ein Besucher über den Hahn, der Hahn sich über den Besucher oder ich mich über beide aufrege ...

Der Aufstieg — Gartenarbeit

Es war ein heißer Tag, und ich war für Stunden damit beschäftigt, Steine zur Seite zu räumen, die Erde aufzulockern und vor allem Wurzeln auszureißen. Die Arbeit war so anstrengend, dass ich den Alten zu verfluchen begann: "Ich habe es nur gut gemeint, als ich nach Arbeit fragte und er nutzt mich so aus!"
Der Schweiß lief mir nur so runter und gerade, als ich mit voller Kraft an einer riesigen Wurzel zog, schaute der Alte um die Ecke und sagte mit einem Grinsen: "Ganz schön viele Wurzeln." Und schon war er wieder verschwunden.
Ich erinnerte mich, dass er kürzlich bemerkte: "Das Äußere widerspiegelt das Innere."
Na danke schön, gab es noch so viel Unkraut, das ich beiseite räumen musste, ehe ich zu pflanzen beginnen konnte? — Und wieder hackte ich mit voller Kraft auf eine Wurzel, die nicht auszureißen war.
"Des Anfängers Geist hat viele Möglichkeiten, der des Experten hat nur wenige", tröstete ich mich an seine Worte erinnernd.
Es war schon später Nachmittag, als ich endlich fertig war. Völlig erschöpft, aber irgendwie zufrieden, ließ ich mich auf der Bank vor der Hütte nieder und belohnte mich mit einer Geschichte aus dem *Zauberbuch*.

Das letzte Blatt

Lange hatte es durchgehalten, aber jetzt kam ein fürchterlicher Windstoss, fast hätten seine Kräfte versagt ... Es war aussichtslos ... es konnte sich nur noch um Minuten handeln, das wusste das Blatt genau ... Doch es wollte nicht aufgeben ... Alle seine Nachbarn, Verwandten und Bekannten hatte der Wind schon mit sich gerissen ... einige lagen unter ihm auf der Wiese, andere klebten auf der Strasse, oder die Verwesung hatte bereits begonnen ... Wenn mich jetzt noch jemand sehen könnte, dachte das Blatt ...
Und siehe da, der Gärtner, der gerade mit Laub rechen beschäftigt war, sah es ... kam zu ihm, riss es achtlos ab und warf es zu den anderen ...

"Beginnt das wahre Leben nicht erst dort, wo jede fassbare Form aufhört?", fragte ich mich.
Als ich aufschaute, sah ich den Alten mit einem Korb den Weg hinauf kommen. Erst als er ganz in der Nähe war, erkannte ich, dass es sich um Pflanzen handelte, die er darin transportierte.
"Wie du sehen kannst, war auch ich nicht untätig", rief er mir mit dem Korb schwenkend zu, als ob es sich um eine Jagdtrophäe handelte. Entgegen meiner Vermutung, dass er darin Gemüsesetzlinge transportierte, stellte ich fest, dass es vor allem Kräuter und seltene Pflanzen waren.
"Alles Pflanzen, die für ihre heilenden Kräfte bekannt sind. Johanniskraut, Wundklee, Blutwurz, Wermut, Baldrian, gemeiner Beifuss und vieles mehr", schnaufte er noch immer außer Atem, als ob er meine Gedanken lesen konnte.
"Wir sollten sie gleich einpflanzen. Hol doch schon mal Wasser. Unter der Bank steht ein Eimer."
Ich machte mich auf den Weg zum See, während er hinter der Hütte verschwand.
"Es kommt sehr darauf an, was man pflanzt. Die Ernte wird dem entsprechend sein", bemerkte er, als ich wieder oben angekommen war, "denn zukünftige Ereignisse haben ihre Samen in der Vergangenheit", erklärte er weiter und meinte hinzufügend: "Und höre auf die Früchte, die dich rufen, wenn sie reif sind."
Schon nach kurzer Zeit hatten wir alles eingepflanzt und gegossen. Beim Anblick des vollendeten Werks machte sich Zufriedenheit breit.
Frieden im Herzen zu haben ist höchstes Glück, erinnerte ich mich an seine Worte.

Vom Alltag eingeholt — Mittwoch 9. August ... 17.59 Uhr

Ich versuchte gerade mit einer meiner Pflanzen zu sprechen, nicht dass ich auf eine Antwort gewartet hätte ... aber ich hatte gehört, dass es sich positiv auf das Wachstum auswirken würde ... jetzt stand ich neben ihr, berührte sie sanft mit der Handfläche ... doch mir fiel nichts ein ... was sollte ich ihr erzählen ... wie schön sie war? ... oder hörte sie wohl lieber Geschichten von Bäumen und Pflanzen? ... ich wusste es nicht ... hatte darin keine Erfahrung ... so las ich ihr ein paar Zeilen vor, in der Hoffnung, dass der Inhalt bedeutend genug war, um eine gute Wirkung zu erzielen ...

Blumen sind wie Worte

Blumen sind wie Worte — wenn du sie pflückst, ohne dich ihrer Schönheit zu öffnen, sind sie wertlos.
Worte sind wie Blumen — wenn du sie verschenkst, ohne dir ihrer Kraft bewusst zu sein, sind sie nutzlos.
Deshalb gib acht und pflücke nur die, deren kraftvolle Schönheit dich erfüllen.

Ich stellte die Gießkanne zur Seite, strich nochmals sanft über die pelzigen Blätter und dachte: Nur wer in sich geht, kann aus sich heraus kommen!
Als ich vertrocknete Blätter, die auf den Boden gefallen waren, auflas, spann ich den Gedanken noch weiter ... Wer sich richtig ausdrücken will, muss sich zuerst anständig voll saugen.

Weisheit im Schafspelz — Der Besuch

Der Himmel war strahlend blau, die Morgensonne schien in mein Atelier und erhellte den Raum. Über Nacht war viel Schnee gefallen. Zum Glück, so konnte man die Abfallsäcke nicht mehr erkennen, die ich wegen der fehlenden Abfallgebührenmarken nicht entsorgen konnte.
Ich hatte kein Geld mehr, die Anzahlung von dem Homöopathen war noch nicht eingetroffen. Mein Auto benutzte ich schon seit Tagen nicht mehr, da der Tank fast leer war. Auch das Essen musste ich rationieren, alles was noch übrig geblieben war, war eine Handvoll Reis und etwas Knoblauch.
Es war schon einige Tage her, seit dem ich zum letzten Mal einkaufen war. Obschon ich alles sorgfältig zusammengerech-

net hatte, fehlten mir zwanzig Rappen. Ich intervenierte an der Kasse: "Das kann nicht sein."
Hinter mir hatte sich eine Schlange gebildet. Ungeduldige Blicke waren auf mich gerichtet. Es war mir unangenehm, trotzdem ließ ich nicht locker. Wir zählten alles noch einmal zusammen. Tatsächlich lag der Fehler bei der Kassiererin.
Am selben Abend hörte ich den Anrufbeantworter ab: "Wir haben Ihre Offerte dem Stiftungsrat vorgelegt. Sie wurde jedoch für zu hoch eingestuft. Könnten Sie nicht diesen einen Punkt streichen?"
Ich war geschockt. Nicht das es mir etwas ausgemacht hätte diesen Betrag zu streichen, denn er war nicht besonders hoch, und für meinen Homöopathen hätte ich auch zum Selbstkostenpreis gearbeitet, aber das soeben Erlebte gab mir zu denken.
Das war ein Zeichen. Ich darf nicht nachgeben, ging es mir durch den Kopf. Also nahm ich meinen ganzen Mut zusammen und wählte die Nummer. Ich hasse solche Telefonate, viel lieber hätte ich nachgegeben. Es meldete sich ebenfalls der Anrufbeantworter. Nach der Ansage sprach ich mit aufgewühlter Stimme: "Hallo, hier ist Herr Oswald. Es geht um die Preisreduktion. Wenn ich diesen Punkt streiche, sind die Bildhintergründe für die Vitrinen nicht dabei. Sie wären dann einfach normal patiniert."
Wenig später bekam ich einen Rückruf, in dem mir der Auftrag in vollem Umfang bestätigt wurde.
Zum ersten Mal hatte ich mich bei Preisverhandlungen durchgesetzt.
"Dankeschön Herr Bose", flüsterte ich in den Himmel hinauf, überzeugt davon, dass er mir dabei geholfen hatte.

Wieder schaute ich durch das Fenster auf den eingeschneiten Vorplatz. Das Atelier stand symbolisch für mein Inneres. War es unordentlich, so sah es in mir nicht anders aus. Schaffte ich Ordnung, so tat ich dies auch in meinem Innern.
"Halten Sie immer Ordnung, man kann nie wissen, wer kommt", hatte mir mein Homöopath vor noch nicht all zu langer Zeit geraten.

Jetzt konnte ich ihn durch die Fensterfront mit seiner Frau kommen sehen. Sie kamen wie verabredet, um die ersten Bilder zu besichtigen.
"Herr Oswald ist noch wild", sagte er kurz nachdem er den Raum betreten hatte. Sein Lächeln verriet, dass es durchaus positiv aufzufassen war.
"Schau mal her. Noch nie hatten wir ein so gutes Bild von Kent." Seine Frau war wie von einem Magnet angezogen zur Staffelei gegangen und stand jetzt davor.
"Hm", räusperte er sich ebenfalls das Gemälde betrachtend, "man sieht, was er sagen will."
"Auf diesem Bild ließ ich ihn absichtlich gutmütiger erscheinen", erwähnte ich, eine größere Leinwand auf die Staffelei stellend.
Dr. Jus griff nach dem ersten Bild, das ich extra zur Seite gestellt hatte, damit man die Rückseite nicht sehen konnte, denn es war ein schmutziges, schon gebrauchtes Stück Leinwand, dass ich auf einen alten Siebdruckrahmen gespannt hatte.
Nein, bitte nicht, dachte ich beängstigt, als er es so trug, dass seine Frau die Rückseite erkennen konnte.
Siehst du, nichts konnte ihn davon abhalten dieses Bild zu malen, konnte ich seine Gedanken lesen.
"Was ist das?", fragte er später auf das Bild von Bose deutend.
"Etwas wie Strahlen. Ich wollte seine Kraft sichtbar machen."
"Siehst du, so sieht er das", meinte er, sich an seine Frau wendend.
"Das Bild von der Beerdigung haben Sie auch schon gemalt?"
"Nein, ich bin noch nicht dazu gekommen. Ich werde es in Farbe darstellen. Mehr weiß ich noch nicht."
"Boses Wunsch war es, bei vollem Bewusstsein zu sterben", begann er zu erklären. "Als er dann auf dem Sterbebett lag, waren seine letzten Worte: Lieber Gott, nimm mich zu dir. Ich kann ohne dich nicht leben. – Ja, so war er."
"Die Hintergründe für die Vitrinen habe ich auch schon fertig."
Ich hatte die Einzelteile so zusammengefügt, dass ein Bild entstanden war. Es zeigte das Calcutta Homoeopathic College. Da ich wusste, dass Dr. Jus auf Boses Wunsch, die Homöopathie zu verbreiten, sein geliebtes Indien verlassen hatte, investierte ich einige Zeit in diese Arbeit. Förmlich gerührt kam er zu mir

und umarmte mich väterlich. Dann sagte er sich freudig an seine Frau wendend: "Er hat Indien eingefangen, mit all den Menschen. Sieh mal, sogar die Tücher auf der Mauer."
Wir saßen noch zusammen, um weitere Einzelheiten zu besprechen, als mir ein zufrieden wirkender, aber doch unbekannter Blick von ihm auffiel.
"Er würde am liebsten hier bleiben", erklärte mir seine Frau freundlich.
"Wir sollten den Text für die Eröffnungseinladung noch zusammen stellen", lenkte ich ab, da ich mit der Schmeichelei nicht umzugehen wusste.
"Es ist uns eine große Freude Ihnen den Nachlass von Dr. B. K. Bose, am zweihundertvierundvierzigsten Geburtstag von Dr. Hahnemann präsentieren zu dürfen", begann Frau Jus zu texten.
"Möge Dr. Bose Sie auf dem Weg zur Erleuchtung unterstützen", fuhr Dr. Jus fort, winkte aber sogleich wieder ab und verwarf das Ganze mit den Worten: "Von denen wird sowieso niemand erleuchtet."
Für einen Moment glaubte ich raus zu hören, dass es für mich nicht unmöglich wäre. Schlussendlich einigten wir uns auf: "Möge sein Geist Sie auf Ihrem homöopathischen Lebensweg unterstützen."

Der Aufstieg — Fladenbrot und harte Brocken

An diesem Abend machten wir in der Nähe des Sees ein Feuer. Wir unterhielten uns über Verschiedenes und als ich eine Geschichte erzählte, in der ich mich für besonders schlau hielt, meinte der Alte abwertend: "Gerissene Menschen sind nicht gescheit und gescheite Menschen sind nicht gerissen."
Ich schluckte leer, und als ob ich in einer Gerichtsverhandlung wäre, tauchte der Gedanke auf: Keine weiteren Fragen. Der Angeklagte kann sich setzen.
Für einen Moment wurde es still. Dann sprach er, mich wie ein Instrument betrachtend: "Wenn man eine Saite zu straff spannt, zerreißt sie – lässt man sie zu schlaff, kann man nicht spielen."

Ich nahm mir vor, besser darauf zu achten, was ich erzählte. Das Feuer war schon ziemlich verbrannt und eine schöne Glut war entstanden.
"Die eigenen Fehler erkennt man meistens nur durch fremde Augen", bemerkte er in der Glut stochernd.
Wir brieten Gemüsespieße, die wir mit einer scharfen Sauce mariniert hatten. Dazu gab es Fladenbrote, die wir ebenfalls auf dem Feuer zubereiteten. Wie kleine Kissen bliesen sie sich auf, es war eine Freude sie dabei zu beobachten.
"Kochst du, so arbeitest du nicht einfach am Essen, du arbeitest an dir selber, du arbeitest an anderen", erwähnte er beiläufig.
Was meinte er damit? Ich versuchte es noch immer zu verstehen, als mir eine würzige Duftwolke in die Nase stieg und mich auf andere Gedanken brachte.
Es war ein köstliches Mal, und das nicht nur, weil ich unheimlichen Hunger hatte. Schon seit vielen Jahren ernährte ich mich vegetarisch und hatte die Leichtigkeit dieser Kost zu schätzen gelernt. Es waren verschiedene Überlegungen die mich damals dazu geführt hatten. In erster Linie schmeckte mir Fleisch noch nie besonders gut, dann kam dazu, dass ich selbst wohl einen Salat abschneiden, aber nur mit Widerwillen, in einer Notsituation, ein Tier schlachten könnte und mich deshalb nicht berechtigt fühlte, Fleisch zu essen. Zudem glaubte ich, dass wir uns hauptsächlich von gespeichertem Sonnenlicht ernähren, welches im Fleisch sowie in Milchprodukten nur in abgeschwächter Form vorhanden ist, was eine klare Reduktion des Energiewertes darstellen würde.
Ein Schmunzeln huschte mir übers Gesicht, als ich vor dem Schlafen gehen folgende Geschichte aufschlug ...

Das Schwein und der Mensch

Es war einmal ein Schwein, das wusste, dass es ein Schwein war und das war gut so ... und da war auch ein Mensch, der wusste, dass er ein Mensch war und das war gut so ... und da war noch ein Mensch, der wusste nicht, dass er ein Schwein war, und er glaubte auch kein Schwein zu sein und das war nicht gut so ... denn immer, wenn man ihn Schwein nannte, wurde er wütend, und so gab es Streit und eine saumäßige Schweinerei begann, denn das Schwein fühlte sich nun beleidigt, wenn es Schwein genannt wurde ... und so geschah es, dass das Schwein, das glaubte ein Mensch zu sein und kein Schwein sein wollte, das Schwein, das ein Schwein war, aber beleidigt war, wenn es Schwein genannt wurde, erstach und bis auf die Knochen verspeiste ...

Der Weise spricht nur dann, wenn er gefragt wird. Auch eine Glocke ertönt nur, wenn sie angeschlagen wird und verharrt sonst in Schweigen, ging es mir durch den Kopf.
Der Alte war ja nicht gerade das, was man unter gesprächig verstand, aber wenn er etwas sagte, hinterließ es bei mir meist eine tiefe Wirkung. War es auch noch so einfach und klang es für so manchen auch belanglos, so verbarg sich meist eine tiefe Wahrheit dahinter. Es erreichte bei mir eine Ebene, von der ich vorher nur eine vage Ahnung hatte. Ja, wahrlich war es so, dass in den einfachsten Dingen, die größte Wahrheit steckte und wenn man wissen wollte, ob etwas wahr ist, brauchte man nur zu fragen: Ist es einfach?
So erinnerte ich mich jetzt, noch wach im Bett liegend, an seine Worte: Du hast die gleiche Spiritualität wie ich.
Das ehrte mich sehr, doch gleichzeitig fühlte ich eine gewisse Verantwortung, war er doch ein großer Mensch, einer, wie er mir noch nie begegnet war, einer, wie man ihn nur selten trifft. Im Vergleich zu allem anderen schien es mir am ehesten erstrebenswert, so zu werden wie er .
"Man kann niemandem helfen", sprach er damals weiter und wartete, bis ich erkannte: "Jeder muss es selbst tun."

Weisheit im Schafspelz — Vom Himmel hoch

Endlich hatte ich einen Parkplatz in der Nähe vom Kongresshaus gefunden und musste nur noch ein kurzes Stück zu Fuß zurücklegen. Je näher ich kam, umso mehr hatte ich das Gefühl von den entgegenkommenden Passanten mit künstlich, liebevollem Lächeln angestrahlt zu werden. Mit Widerwillen bewegte ich mich auf den Eingang zu, über dem ein Schild mit der Aufschrift *Lebenskraft — esoterische Fachmesse* prangte. Esoterik war für mich längst ein Schimpfwort geworden, zu viele Scheinheilige, Stimmenhörer, Quacksalber und geldgierige Schönschwätzer beherrschen den Markt und schleimten sich bei Hörigen, Engelpflückern, frustrierten Frauen in den Wechseljahren, Männern mit hormonellen Störungen oder anderen von

Lebenskrisen heimgesuchten Allesglaubern, Honighörern, Energiespürern, Aurasehern und Selbstnichtfindern ein.
Möglichst unauffällig, mit einem netten Grinsen, übergab ich der uniformierten Dame mein Gratisticket. Mein Lächeln war wohl in Anbetracht der Situation etwas zu breit ausgefallen und so erntete ich nur einen verständnislosen Blick.
Ich fühlte mich gleich heimischer, als ich von weitem den Hintergrund erkennen konnte, den ich in der vergangenen Woche für meinen Freund Edel gemalt hatte. Es handelte sich um ein Gegengeschäft, eine Art Tauschhandel. Dr. Jus beauftragte mich mit der Übersetzung eines Schriftstücks von B. K. Bose. Da meine Englischkenntnisse nicht ausreichten und ich die Kosten fürs Museum nicht unnötig steigern wollte hatte ich Edel diesen Handel vorgeschlagen.
Jetzt sah ich das Bild zum ersten Mal aus einer solchen Entfernung und war mit der Wirkung mehr als zufrieden.
Als Edel mir freundschaftlich zuwinkte, verflogen auch noch meine letzten Vorurteile. Wir waren gute Freunde, kannten uns schon ewig und brauchten uns nichts vorzumachen.
"Na, wie läuft das Geschäft?", erkundigte ich mich neugierig.
"Es geht, mein Produkt ist einfach sehr erklärungsbedürftig, deshalb ist es auch wichtig für mich, auf Messen zu gehen."
"Reden ist ja auch eine deiner Vorlieben", zog ich ihn auf.
Tatsächlich war er manchmal kaum zu bremsen, wenn er ins Schwärmen kam, und es war eine Freude ihm zuzuhören, wenn er einem die physikalischen und metaphysischen Zusammenhänge seiner Arbeit akribisch erklärte.
Seine Sternenlichtkristalle waren naturvollendete Herkimer-Diamanten, die er in seiner Sternwarte unter riesigen Teleskopen mit Sternenlicht energetisierte. Er tat dies mit einer solchen Hingabe, Liebe und Überzeugung, dass es für mich nicht relevant erschien, ob tatsächlich Sterninformationen darin gespeichert waren. Seine Idee, jemandem den Himmel auf Erden zu schenken, gefiel mir und ich bewunderte den Mut und die Kraft, die er an den Tag legte, wenn er für seine Überzeugung einstand, obschon ihn viele für einen Schildbürger hielten.
"Wahnsinnig viele Wahrsager und Handaufleger gibt es hier. Die sehen nicht alle sehr vertrauenswürdig aus."

"Ja, es ist ein bisschen wie auf einem Jahrmarkt, aber ich kenne hier einen Handleser, der ist wirklich erstaunlich gut."
"Ist das der, von dem du mir schon einmal erzählt hast, dieser Engländer?"
"Ja, genau. Er ist schon seit Beginn der Messe ausgebucht. Gleich dort um die Ecke hat er seinen Stand."
Alan Smith war schlank, mittleren Alters, trug zerzaustes blond gelocktes Haar, einen Schnurrbart und hatte eine schelmische, aber sympathische Ausstrahlung, die an einen Fuchs erinnerte.
"Jemand hat sich eingeschrieben und ist nicht aufgetaucht. Bist du interessiert?", fragte er mit seinem breiten englischen Akzent, während er mich beim Durchsuchen seiner gefüllten Agenda beobachtete.
Als er mir jetzt gegenüber saß und konzentriert meine Hände betrachtete, schien er in eine andere Welt einzutauchen, als ob er Verbindung zu meiner Festplatte aufnehmen würde und alles ablesen konnte.
"Äsä ... Du bist eine sehr belastbare Person ... äsä so du kriegst wahrscheinlich sehr viele Belastungen."
Entgegen meiner Erwartungen von einem Handleser, hatte er ungepflegte Hände, seine Fingernägel waren nicht geschnitten, hatten schwarze Ränder, Mittel- und Zeigefinger waren vom Rauchen gelblich verfärbt.
"Äsä ... du könntest sehr gerne reisen, aber diese Reisen müssen nicht in geographischer Form sein. Äsä ... Einfach neue Horizonte, ... neue Entdeckungen, neue Erkenntnisse ... äsä."
Im Hintergrund war das Flötenspiel vom indianischen Nachbarstand zu vernehmen, und der Duft von Räucherwaren zog durch den Raum.
"Äsä ... ich denke dein Ziel im Leben ist Erleuchtung ... äsä immer neue Erkenntnisse, äsä ... du hast eine lang lange Lebenslinie ... äsä also niemand wird wirklich erleuchtet im Leben, äsä ... oder nur sehr selten ... äsä, aber du kommst immer näher und näher ... äsä ... und ich denke, es ist etwas, was du machen kannst."
Die Trommeln verstummten, der Geräuschteppich verlief wieder im wirren Durcheinander geschwätziger Messebesucher und mit einem Mal wurde mir mein Aufenthaltsort wieder bewusst.

Kann ich ihm trauen? Wie hoch ist seine Trefferquote?, fragte ich mich während er weiter sprach.
"Die Entwicklung, die du machst zwischen dreißig und vierzig ist enorm groß ... äsä ... Da ist sehr viel Potenzial, dass du noch nicht angezapft hast ... äsä ... so du könntest Schriftsteller sein ... "
"Schriftsteller", sagte ich jetzt lachend zu meinem Freund, während wir im Auto den See entlang fuhren, "wie kommt er denn darauf? Ich schreibe ab und zu meine Gedanken auf, das ist aber auch alles."
Edel schaute mich vom Beifahrersitz aus prüfend an: "Vielleicht solltest du es ernsthafter betreiben."

Vom Alltag eingeholt — Donnerstag 9. August ... 10:30 Uhr

Obwohl ich wusste, dass das Problem des Leidens in der Betrachtung von bereits Vergangenem lag, und die einzige Möglichkeit dem zu entgehen, in der Konzentration auf Neues beruhte, ging es mir heute nicht sonderlich gut ... irgendwie fühlte ich mich eingeengt ... in meinem Körper gefangen ... als ob das Leben ein lang anhaltender Schmerz, mit einigen wenigen Unterbrüchen wäre, die dazu dienten, uns den Schmerz wieder bewusster zu machen und erst mit dem Tod endete ... was war es bloß, das uns so sehr an unserer Gestalt haften ließ? ...
Schon als meine Freunde noch für die Autoprüfung lernten, verbrachte ich meine Zeit damit, Bücher über Astralwanderung zu lesen ... ich war auch schon draußen ... hatte es jedoch noch nie willentlich geschafft, meinen Körper zu verlassen ... sonst hätte ich heute bestimmt davon Gebrauch gemacht ...

Empfindlichkeit

Eingesperrt, eingeschnürt, von Stacheldraht umringt ...
Messer, Säbel, Dolche, frisch geschliffen und geschärft ...
Nadeln vor den Augen, Rasierklingen auf der Haut ...
Alles voll mit Dornen, Angelhaken im Mund ...
Nur nicht atmen, nicht bewegen, denn es schmerzt wie Feuer ...

Stechen, schneiden, schürfen, alles ist schon wund ...
Nur nicht denken würde helfen, doch es denkt wie wild ...
Wie viel Tode muss man sterben, bis einem jemand hilft ...
Doch den Schlüssel zu dem Käfig hab ich selbst verschluckt ...
Diesen zu erbrechen bedeutet meinen Tod ...
Körperlich am Ende, Wunden überall, wart ich auf das Ende, denn ich fühl es nah ...

Was ist wohl wertvoller? Das, was wir zurücklassen, oder das, was wir mitnehmen wenn wir sterben?, kam es in mir hoch ... Die Antwort schien klar zu sein ... ich strich mir mit der Hand durchs Haar ...
Du kannst nichts verlieren, was dir sowieso nie gehört hat, dachte ich weiter und ging zur Stereoanlage, um eine alte Technokassette einzulegen ... sofort wurden Erinnerungen wach ... die Rhythmen ließen mich wieder in längst Vergessenes eintauchen ... Damals hörte ich diese Musik Tag und Nacht, und so habe ich mein Unterbewusstsein damit gefüttert. Jetzt brauchte ich nur ein paar Töne zu hören und die Sehnsucht, die Lust der Sucht kehrte zurück.
Viele Erinnerungen werden von Gerüchen oder Geräuschen hervorgerufen ... darauf haben wir wohl keinen Zugriff ... der Geruch von frisch gemähtem Gras ... und schon tauchen Bilder oder Gefühle auf ... vermischen sich mit aktuellen Gedanken und verschwinden wieder auf die selbe Weise, wie sie gekommen sind ... mein Magen knurrte ... Hunger ... und schon stand ich auf, ging in die Küche und stolperte dabei über ein Verlängerungskabel, was zur Folge hatte, dass eine Lampe hinunter gerissen wurde und am Boden zerschellte ... plötzlich konnte ich alles in einem anderen Licht sehen ...

Der Aufstieg — ganz oben

Die Dämmerung hatte kaum eingesetzt, als mich der Alte am nächsten Morgen wach rüttelte.
"Aufstehen, wir haben einen anstrengenden Tag vor uns."

Ich hatte keine Ahnung, was er meinte. Widerwillig setzte ich mich auf und rieb mir die Augen, während er bereits in der Küche hantierte. Eine Viertelstunde später verließen wir die Hütte und marschierten wortlos Richtung Berge. Immer noch halb schlafend trottete ich ihm hinterher. Der Weg war steinig und hatte eine starke Steigung. Wir gewannen schnell an Höhe und hatten noch vor Sonnenaufgang die Waldgrenze hinter uns gelassen. Auf einer ersten Anhöhe angekommen, wurden wir jetzt mit einem Schauspiel der Natur belohnt, wie es schöner nicht hätte sein können. Der Himmel verfärbte sich in den zartesten Lila- und Rosatönen, um in ein Stahlblau überzugehen. Fast kitschig türmte sich eine Kumuluswolke auf und verfärbte sich ebenfalls. Den krönenden Abschluss bildete der darüber strahlende Mond. Wenn das kein gutes Zeichen war.
Noch immer hatten wir kein Wort gesprochen und so war ich es, der die Stille brach: "Wo gehen wir überhaupt hin?"
"Was meinst du? Kannst du dir das nicht denken?"
"Auf den Gipfel", sagte ich kleinlaut.
Nur selten machten wir Pausen, um etwas zu trinken. — Wer selber sich erhebt, wird nicht erhoben. Wer selber leuchten will, wird nicht erhellt, gingen mir seine Worte durch den Kopf. Einen Fuß vor den anderen setzend, hielten wir stetig Schritt.
Es war schon fast Abend, als wir den Gipfel erreichten. Der Wind pfiff uns um die Ohren und wir suchten einen geschützten Platz. In der Nähe einer Felswand schlugen wir unser Nachtlager auf. Während dem Essen begann der Alte: "Unsere Wege werden sich schon bald wieder trennen, wenigstens in dieser Welt, die wir als real bezeichnen. In Wahrheit habe ich dich schon viel länger begleitet, als du denkst. Vielleicht war ich so etwas wie dein Gewissen. Jetzt bin ich sicher, dass du den richtigen Weg eingeschlagen hast. Du wärst sonst niemals glücklich geworden. Aber du wirst noch früh genug erfahren, worum es geht."
In mir häuften sich die Fragen, aber ich erkannte an seinem Blick, dass ich sie nicht stellen sollte oder zumindest keine Antwort bekommen würde. Und so machte sich wieder die Ruhe breit und ich packte mein Buch aus.
Diesmal sollte es etwas Besonderes sein, schienen doch die Sterne von hier oben zum Greifen nahe.

Galaxias Geheimnis

Stello war ein Kind wie jedes andere, jedenfalls was das Äußere betraf. Er jedoch fühlte sich fremd in dieser Welt. Von klein auf hatte er das Gefühl anders zu sein als die anderen, nicht in das seltsame Spiel der Menschen eingeweiht zu sein.
Die meiste Zeit verbrachte Stello alleine auf der nahe gelegenen Mülldeponie. Mit den von den Menschen zu Müll deklarierten Gegenständen konnte er sich Stunden lang beschäftigen und die verrücktesten Dinge erfinden. Am wohlsten aber fühlte er sich nachts, wenn die Ruhe sich ausbreitete und alle mit Schlaf umhüllte. Dann öffnete er leise das Fenster, hockte sich auf den Fenstersims und äugte, einem den Mond anheulenden Kojoten gleich, in den unendlichen Sternenhimmel hinauf.
Eines Nachts hatte Stello einen eindringlichen Traum: Er befand sich auf einem fernen Stern, der von Klängen und Rhythmen umhüllt war, wie er es schöner nie gehört hatte. Er fühlte sich leichter denn je und ... er fühlte sich zu Hause.

Seit dieser Nacht ließ ihn der Wunsch nicht mehr los, bald möglichst auf jenen Stern heimzukehren. Fragen wie: "Wie komme ich dahin und welches ist der richtige Stern", quälten ihn von nun an Tag und Nacht. Doch die Sehnsucht ließ ihn erfinderisch werden und schon bald begann er mit dem Bau einer Rakete. Das dazu benötigte Material fand er auf dem Abbruch. Schon nach wenigen Tagen konnte man sehen wie das etwas seltsame, aber doch beeindruckende Geschoss Form annahm. Und als Stello endlich fertig war, packte er alles zusammen, was auf einer Reise durchs All von Nutzen sein konnte.

Etwas mulmig war es ihm schon zumute, als er startklar in seine Rakete geschnallt, auf den großen roten Startknopf drückte und mit donnerndem Getöse von der Erde abhob.

Alles verlief planmäßig und von Tag zu Tag kam er seinem Ziel näher, bis der kleine Punkt den er avisiert hatte, wie von einem Flugzeug aus betrachtet, als Fläche wahrzunehmen war.

Stello verließ sich auf sein Bauchgefühl, das ihm sagte, dass er auf dem richtigen Weg war. Er hatte bereits die nötigen Vorbereitungen getroffen, um zur Landung anzusetzen. Wieder gab es, außer das er etwas unsanft durchgeschüttelt wurde, keine nennenswerten Komplikationen.

Galaxia, ein ganz entzückendes Wesen, beantwortete ihm all die Fragen, die ihn so viele Jahre gequält und deren Antworten ihn brennend interessiert hatten. Und so erfuhr er, dass er nicht zufällig auf der Erde geboren worden war, sondern einen klaren Auftrag auszuführen hatte, was ihn insgeheim ein wenig stolz machte, insbesondere, weil er Galaxia imponieren wollte. Aber nicht zuletzt auch, weil die Aufgabe darin bestand, ein bisschen von dem Glück, das diese Töne verbreiteten auf die Erde zu bringen, um die Menschen damit zu erfreuen. Es werde jedoch nicht so einfach sein, erklärte sie ihm weiter, da viele Menschen, sich des Glücks nicht bewusst, sich vor dem unbekannten fürchten und sich deshalb dagegen auflehnen würden. Wenn er es aber schaffen würde in erster Linie selbst glücklich zu werden und dadurch auch andere Menschen glücklich zu machen, wäre sein Leben auf der Erde nicht vergebens gewesen, denn auch diese könnten dann ihr Glück weiter verbreiten, was eine ähnliche Wirkung haben würde, wie das Antippen des ersten Dominosteins.
Stello war nun klar, dass er auf die Erde zurückkehren musste, so sehr er auch bei Galaxia bleiben wollte.
Eines Tages wäre falsch zu sagen, da es dort weder Tag noch Nacht gab, jedenfalls kam der Zeitpunkt des Abschieds und man konnte sehen, wie eine glitzernde Träne über Galaxias Wange perlte und schließlich ins All plumpste.

Vielleicht sah jetzt jemand eine Sternschnuppe, dachte Stello mit wässrigen Augen.
Noch die ganze Heimreise erinnerte er sich an die letzte innige Umarmung. Was ihm Galaxia jedoch verschwiegen hatte war, dass er sich nach der Landung auf der Erde an keines seiner Erlebnisse im Weltall erinnern würde, jedenfalls nicht bewusst. Die einzige Möglichkeit an das Wissen heran zu kommen, das sie ihm vermittelt hatte, war auf seine innere Stimme zu hören und sich auf das Gefühl im Bauch zu verlassen. Was er auch nicht wusste war, das Galaxia zu ihm kommen würde, sobald er seine Aufgabe erfolgreich erledigt hatte. Das ihm dies einen zusätzlichen Ansporn gegeben hätte, ist wohl klar.
Galaxia huschte ein Lächeln übers Gesicht, als sie zum Planeten Erde hinunter sah und an ihr Geheimnis dachte ... ein Gefühl im Bauch sagte ihr mit Bestimmtheit: ... Stello wird es schaffen ...

Ich schlug das Buch zu und schaute auf. Der Alte hatte uns in der Zwischenzeit aus verschiedenen Kräutern einen heißen Trunk zubereitet.
"Fang an, dadurch allein wird das Unmögliche möglich!", sagte er mit Bestimmtheit. Er reichte mir einen Becher mit dem dampfenden Getränk und fuhr fort: "Nicht weil es schwer ist wagen wir's nicht, sondern weil wir's nicht wagen, ist es schwer."
Sich eine Decke umschlingend, ließ er mich am Feuer zurück und setzte sich etwas abseits hin, um dort bewegungslos zu verharren. Er strahlte eine solche Würde aus, dass es einen erschauern ließ.
Mit der Dunkelheit war auch die Kälte hereingebrochen. Ich tat es dem Alten gleich und wickelte mich in eine Decke. In die unendliche Weite blickend, bat ich tief in meinem Innern, das Universum um Rat, um einen Hinweis, ein Zeichen. Was auch geschehen würde, ich war bereit dafür.

Vom Alltag eingeholt — Freitag 10. August ... 03.45 Uhr

Je länger ich hier drin saß und mich mit meiner verstaubten Vergangenheit befasste, desto öfter überkam mich wieder diese Lust nach Abenteuer und Ausschweifungen aller Art ... dieser Drang nach Drogenexzessen und außersinnlichen Erfahrungen, das Verlangen in Ekstase zu geraten und neue Dimensionen zu entdecken. Doch ich wusste, dass es alles von mir fordern würde, meine ganze Hingabe.
"Es mag wohl sein, dass am Baum der Erkenntnis harte Nüsse wachsen ... aber an der Rinde, da wächst ein Pilz vom Feinsten!"
Es war nur im entferntesten ein Pilz ... Mutterkorn ... LSD ... Wir waren unvorsichtig, hatten den Respekt davor verloren und schmissen gleich einen ganzen Trip.
Mein Freund, ebenfalls nicht unerfahren was Halluzinogene anging, bemerkte schon nach kurzer Zeit: "Die kommen aber heftig rein. Ich habe schon jetzt Halluzinationen!"
"Ich spüre noch nichts", entgegnete ich auf die Wirkung wartend.

"Mir sind sie fast zu stark", bemerkte er.
Nach einer Stunde regte sich bei mir immer noch nichts.
"Vielleicht ist jetzt das eingetroffen, was wir immer befürchtet haben ... ein Freak hatte bei der Herstellung den Kopf nicht bei der Sache und erinnerte sich nicht mehr, welchen Filz er schon beträufelt hatte", dachte ich laut.
"Du meinst ich habe einen Doppelten und du hast gar nichts abbekommen?"
"Es wäre durchaus denkbar, vielleicht hat er ja selbst davon gekostet." Wir mussten lachen ... nach eineinhalb Stunden entschied ich mich, noch einen Halben nachzuwerfen ... nach kurzer Zeit begann es wie immer ... eine Vibration ... eine Ekstase auf körperlicher Ebene begann mich zu durchlaufen, als ob man ein paar Gänge höher schalten würde. Die Wahrnehmung veränderte sich fortlaufend ... ich dehnte mich aus, nahm mich viel größer war ... größer als den Raum, in dem wir uns befanden ... meine Optik veränderte sich ... die Welt begann zu atmen ... alles Feste, Materielle verwandelte sich in farbige Lichtgitter und verlor an Starrheit ... Muster in den verschiedensten Farben in dauernder Veränderung wurden sichtbar ... der Boden bewegte sich wie wellendes Wasser ... die Wände atmeten ein und aus ...
"Ich habe kalte Schweißausbrüche", meinte mein Freund etwas besorgt.
"Bei mir kommt es gut."
"Meine Herzfrequenz, dieses Vibrieren ... phuuu."
"Du hast doch schon einmal von diesen gehabt?"
"Ja, es war das selbe Symbol darauf, aber diese habe ich neu gekauft."
"Es ist wichtig, dass wir positiv eingestellt bleiben."
"Diese Trips sind nicht rein."
Meine Halluzinationen wurden jetzt immer stärker ... der Puls ging schneller ... kalter Schweiß ... ich bekam Angst ... das Gesehene verzerrte sich immer mehr ...
"Was ist bloß los? Jetzt kommt es immer stärker rein. Was war das für ein Idiot ... eine solche Dosierung! Stell dir vor, du nimmst so was zum ersten Mal auf einer Party!"
"Es könnte sein, dass dein erster Trip erst durch den zweiten ausgelöst wurde", meinte er nachdenklich.

Jetzt bekam ich ein ungutes Gefühl ... die Wirkung wuchs stetig ... was wenn ich nicht mehr zurück kam? ... Für immer drüben bleiben würde? ... Für Stunden würde ich in eine andere Welt eintauchen ... was, wenn sie mir nicht gefiel? ...
"Was wenn es noch schlimmer wird?" fragte ich verunsichert. "Ich habe den Halben vor knapp einer halben Stunde geschmissen."
"Ruhig bleiben, nicht dagegen ankämpfen ... geschehen lassen", beruhigte er mich.
In der Zwischenzeit konnte ich in meinem Blickfeld alles wahrnehmen, was gerade gedacht wurde ... Bilder zogen wie vom Wind getriebene Wolken vorbei ... sein Gesicht war das Zentrum eines immer stärker werdenden Wirbelsturms ... Als ob ein Astronaut mit Lichtgeschwindigkeit durch den Kosmos fegte, blitzen Lichter auf ... es schien alles umher zu wirbeln und sich aufzulösen ... Ich konnte nicht mehr fokussieren ... wollte mich an der Realität festklammern, doch wir drifteten immer mehr ab ...
Die körperliche Wahrnehmung verstärkte sich noch immer ... der Körper, die Ummantelung war weg, als ob meine Eingeweide, einer Luftwurzel ähnlich, an meinem Gehirn aufgehängt, im Raum schweben würden ... es gab kein Innen und kein Außen ... nur diese alles umfassende Wahrnehmung, die sich ebenfalls zu verflüchtigen begann ...
Ich schaffte es noch eine CD mit beruhigender Meditationsmusik einzulegen ... das half mir, nicht in Panik zu geraten ... schon früher hatte ich dazu Atemübungen gemacht, jetzt halfen sie mir, mich zu entspannen, eine positive Einstellung zu bewahren ...
Für einige Stunden hielt dieser aufgelöste Zustand an, er war viel stärker als alles, was ich je erlebt hatte ... ein normaler Trip lässt einen vielleicht erahnen, was da noch kommen könnte ... jetzt aber war es da ...
Immer wieder atmete ich tief ein und aus ... Obschon ich nur wenig getrunken hatte, musste ich dauernd aufs Klo, als ob mein Körper die ganzen Wasserreserven dafür verwenden würde, das Gift raus zu spülen ...
Langsam gewöhnten wir uns an die starke Vibration auf Herzhöhe, tauchten in die faszinierenden Halluzinationen ein und ertrugen es, uns stetig konzentrierend ...

Wir atmeten auf, als die Wirkung endlich ein wenig nachließ. Es tat gut zu wissen, dass es irgendwann wieder abklingen würde.
Nach über zwanzig Stunden setzten wir zur Landung an. Uns war klar geworden, dass man den Respekt vor solchen Drogen bewahren musste ... so unbeschreiblich die Erlebnisse auch waren, zu schnell dahin zu kommen, barg Gefahren in sich ... den Rückweg.
Natürlich ist es mühseliger zu Fuß einen Berg zu besteigen, als mit der Seilbahn nach oben zu gelangen, aber gleich mit der Rakete fliegen? ... Man könnte leicht übers Ziel hinaus schießen ...
Ich habe die Welt aus so verschiedenen Blickwinkeln gesehen, dass Wirklichkeit für mich ein dehnbarer Begriff geworden ist, denn wenn man die Welt atmen gesehen hat, sich als Zwerg, Kobold, Frau oder Krieger wahrgenommen hat, wenn einem Pflanzen aus dem Bauch gewachsen und man sich vor den eigenen Augen aufgelöst hat, dann weiß man, dass die Realität zu einem erheblichen Teil von unseren Wahrnehmungen und Gedanken abhängt.

Weisheit im Schafspelz — zersplittertes Glas

Ich spürte wie mich mein Homöopath mit seinem Röntgenblick scannte.
"Herr Oswald kann gut messen", vernahm ich seine Stimme hinter mir. Schweiß perlte auf meiner Stirn.
"Eigentlich arbeite ich mehr nach dem Auge", entgegnete ich einen Nagel auf den Kopf schlagend. — Obschon ich die Bilder nie genau ausgemessen und farblich jedes für sich behandelt hatte, ergab sich daraus eine Einheit. Die Hammerschläge hallten in der Bibliothek.
"Sie sollten sich für die nächste Zeit eine Arbeit suchen. Vielleicht wieder als Messebauer."
Ich schluckte leer, legte den Hammer auf den Schrank und wollte nach dem letzten Bild greifen. Es glitt mir durch die Finger. – Kliiirrrrrrr – Das Glas zersplitterte beim Aufprall.

"Glücklicherweise habe ich genau diesen Rahmen doppelt hergestellt", sagte ich kleinlaut und räumte die Scherben zusammen, während Dr. Jus einen Abfalleimer besorgte.
Ich will nicht mehr als Messebauer arbeiten!, dachte ich mich dagegen auflehnend. Sechzehn-Stunden-Tage waren damals keine Seltenheit. Ich träumte sogar von der Arbeit. Wie kommt er darauf, dass ich das noch einmal brauche, fragte ich mich, ohne zu wissen, dass es mir die folgende Zeit der Depression erleichtert hätte.
Als er zurückkam, kniete ich auf dem Boden und schnitt schmale Kartonstreifen.
"Passen Sie auf ihre Finger auf", sagte er auf die Schnittstelle, dicht neben meinen Fingern achtend.
"So habe ich mich schon einmal geschnitten", erinnerte ich mich. "Die Fingerspitze lag danach auf dem Boden und es blutete so stark, dass ich mich hinlegen und den Arm in die Höhe strecken musste."
"Hm, wir halten den Finger nach oben, wenn er verletzt ist", meinte er ernst. Dann fuhr er fort: "Wenn ich einen Fehler gemacht habe, so tue ich es nicht nochmals."
"Ich schon", sagte ich.
Die Türe ging auf und seine Frau betrat den Raum. Sie spürte sofort die angespannte Stimmung. "Ich glaube es ist an der Zeit den Blutzuckerspiegel zu erhöhen. Gehen wir eine Cola trinken", riet sie uns.
Dann trinke ich eben Cola, dachte ich resignierend. Wegen des Koffeins und meinem schon fast krankhaft gesunden Lebenswandel hatte ich seit drei Monaten keine Cola mehr getrunken. Doch jetzt hatte ich keine Kraft mehr etwas dagegen einzuwenden.
"Orangensaft enthält natürlichen Zucker und ist gesünder", lenkte Dr. Jus ein.
Wir saßen an einem der kleinen Tische neben dem Getränkeautomaten, als wir auf das heruntergefallene Bild zu sprechen kamen.
"Wenn wir gestorben sind, werden wir darüber lachen", entgegnete er, als ich die Geschichte beendet hatte.
Um zu überspielen, dass ich nicht ganz verstanden hatte, setzte ich ein Grinsen auf.

"Ich sagte, wenn wir dann gestorben sind", ließ er es augenblicklich wieder verstummen.

Gegen Mittag des darauf folgenden Tages war das Werk vollendet. Die Bilder waren aufgehängt, die Vitrinen eingerichtet und die Gegenstände beschriftet.
"Gehen wir essen", meinte Dr. Jus zufrieden. Da wir alle am Nachmittag etwas anderes vor hatten, fuhr jeder mit dem eigenen Auto.
Ich stieg ein und wollte den Wagen starten, doch nichts ging, als ob die Batterie nicht angeschlossen wäre. Dr. Jus fuhr schon an mir vorbei. Ich stieg aus und rief ihm hinterher: "Halt, mein Auto springt nicht an!" Doch er hörte nichts und fuhr weiter. Ich stieg ein und versuchte es erneut.
Zu meinem Erstaunen funktionierte es jetzt und der Wagen sprang sofort an. Ein Blick auf die Uhr machte mich jedoch stutzig ... die Digitalanzeige stand auf 00.00. Seit ich dieses Auto hatte, war das noch nie geschehen, auch dann nicht, wenn sie manchmal gar nicht funktionierte.
Als ich Dr. Jus die Geschichte erklärte: "Meine Uhr läuft nur wenn es eilt und jetzt steht sie auf Null. Der Auftrag ist abgeschlossen, es gibt einen Neuanfang ... ich muss die Uhr neu stellen", meinte er lächelnd zu seiner Frau: "Siehst du, so sieht er das."

Der Aufstieg — Einssein

Aufrecht sitzend, den Rücken gerade, begann ich mich, kontrolliert atmend, zu entspannen. Mein Atem wurde mit der zunehmenden Konzentration flacher. Immer tiefer in mich sinkend, nahm ich die Energie vom Scheitel durch den Mittelkanal fließend wahr. Licht erstrahlte in meinem Inneren und ließ mich in Dankbarkeit nach der Ganzheit der Schöpfung sehnen. Mein Herz schien sich zu öffnen und noch mehr Licht drang herein. Es war, als ob sich überall Öffnungen bildeten, durch die ich mit Licht durchflutet wurde. Mein Körper saß

bewegungslos da, während ich mich von ihm zu lösen begann. Ich dehnte mich immer mehr aus. Erst war es ein Schweben, dann wurde es luftiger, geistiger, bis ich den Körper nicht mehr wahrnahm. Mein drittes Auge war der Punkt, auf den ich meine Konzentration gelenkt hatte. Jetzt war es die einzige Verbindung zu meiner Hülle, die ich unter mir sitzend wahrnahm. Eine alles einschließende Liebe breitete sich aus. Es war wie Wind, ein alles durchdringendes Verstehen, das sich eröffnete. Als ob ich ein Bad im Kollektivbewusstsein nehmen würde. Es gab nichts mehr Festes, alles schien ein sich dauernd veränderndes Energiegewebe zu sein. Es gab kein Ich mehr, was blieb, war alles und nichts zugleich, bis ich schließlich ganz ins zeitlose Licht des Nichts eintauchte.
Schwer zu sagen, wie viel Zeit verstrichen war, bis sich meine Wahrnehmung wieder zu sammeln begann. Langsam senkte ich mich in den Körper zurück.
Immer noch saß ich schweigend da, den Mund leicht geöffnet, nicht mehr aus dem Staunen herauskommend. In mich selbst eingetaucht, erfuhr ich mich jetzt in meinem wahren Wesen, dem höheren Selbst. Viel größer und stärker nahm ich mich wahr. Ich fühlte mich wie ein Krieger, nichts was mit Waffen zu tun hätte, nein, ein Krieger des Guten, der Wahrheit und Weisheit, mit geschärften Sinnen, vollkommen wach und klar. Ich spürte Körper, Geist und Seele in einer harmonischen Verbundenheit, was mir eine unbesiegbare Stärke verlieh. Ich nahm wahr, dass die hervorstechenden Eigenschaften des Bewusstseins Klarheit und Lichthaftigkeit sind, und ich wusste, dass es wahrscheinlich nur wenigen gegönnt war, dies zu erleben. Es war Demut und Dankbarkeit zugleich, die mich erfüllten und durchströmten, eine Liebe und Verbundenheit gegenüber dem ganzen Universum. Ich fühlte mich verpflichtet dem Ganzen zu dienen, in irgend einer Form nützlich zu sein. Ich wollte helfen, diese Werte weiter zu vermitteln.
Als ich die Augen aufschlug, sah ich, dass der Alte immer noch unverändert da saß, als ob nichts geschehen wäre. Auch ich rührte mich nicht. Immer noch benommen vom Erlebten, erinnerte ich mich, dass er einmal bemerkt hatte: "Was wir Ich nennen, ist nichts als eine Drehtür, die sich bewegt, wenn wir ein und aus atmen."

Vom Alltag eingeholt — Sonntag 12. August ... 17.23 Uhr

Sind es nicht dieselben Menschen, die sich mit dem Leben nach dem Tod befassen, die sagen, man solle im Moment leben? ... oder ergab sich dies aus den Nachforschungen?
Dass man manchmal alles verlieren muss, um zu merken, was man wirklich hat, hatte ich aufs Tiefste erfahren ... und ich merkte, dass wir, obschon wir uns als Tröpfchen wahrnahmen, nicht leugnen konnten, dass wir Wasser sind ...
Ich glaube das Problem der Menschheit ist nicht das Gehirn als solches, sondern, dass uns niemand beigebracht hat, damit umzugehen ... das stellte ich auch jetzt wieder fest, beim erneuten Versuch mich zu konzentrieren ... es war der Rebell in mir, der sich zu Wort meldete und für einen Moment in der Arena meines Gehirns die Herrschaft übernahm ... er sprach mit ermahnender Stimme: Und was wollt ihr euren Kindern antworten, wenn sie nach dem Sinn des Lebens fragen, wenn sie wissen wollen, was ihr Bedeutendes gelernt habt. Was, wenn sie bemerken, dass ihr sie belogen habt, wie wollt ihr dann ihr Vertrauen zurück gewinnen?
Meine Schultern begannen, von der Arbeit am Bildschirm zu schmerzen ... es fühlte sich verspannt an und ich probierte es mit Lockerungsübungen ... ich verkrampfte mich jedoch erneut, beim Einordnen der bereits gelesenen Texte ... vielleicht war ich zu ehrlich, las ich mich abermals streckend ... ich schrieb es einst in Gedanken an eine Frau ... oder doch wohl eher Exfrau ...

Ehrlich
Vielleicht war ich zu ehrlich, als ich sagte, dass du vor allem davon läufst ...
Vielleicht war ich zu ehrlich, als ich sagte, dass du die Ursache all deiner Probleme bist ...
Vielleicht war ich zu ehrlich, als ich sagte, dass du die Einzige bist, die etwas daran ändern kann ...
Vielleicht war ich zu ehrlich ... aber ich habe nicht gelogen ...

Der Aufstieg — Erkenntniss

Früh am Morgen weckte mich der Alte. Ich musste im Sitzen eingeschlafen sein. Blitzschnell war ich wieder klar im Kopf und als ich in seine Augen schaute, erkannte ich, dass er wusste, was ich erlebt hatte.
"Alles Leben ist Energie", begann ich begeistert zu erzählen, "fließende, pulsierende Energie in Bewegung, die bestrebt ist, in dauernder Veränderung eine Einheit zu bilden."
"Das ist richtig", entgegnete er. "Nichts in diesem Universum existiert außerhalb des Lebens, und jeder Punkt des Universums kann deine Existenz sein. fuhr er fort.."
"Du meinst, solange man sich auf einen Punkt konzentriert, wird man ein Punkt bleiben?", fragte ich.
"Ja, solange du dich in deinem Körper auf ein bestimmtes Energiefeld konzentrierst, wirst du dein Bewusstsein auch in ihm lassen. Du bist immer nur dort, wohin du dich konzentrierst."
"Das heißt, wir alle erzeugen täglich unsere eigene Welt", meinte ich nachdenklich.
"Genau. Sobald wir aber unsere Idee von der Wirklichkeit fallen lassen, schaffen wir die Leere für eine neue Schöpfung."
"Ist diese Leere noch ungeformte Energie?", fragte ich unsicher.
"Exakt. Du wirst sehen, verbunden mit deinem Schöpfergeist wirst du alle Projektionen zu durchschauen lernen."
Wir machten uns an den Abstieg. Und wieder spürte ich diese Verbundenheit, nur noch stärker als zuvor. Meine Gedanken kreisten unbeirrt um dasselbe: "Wie kann ich mich im Ganzen am sinnvollsten einbringen? Wie kann ich der Gesamtheit der Natur am besten dienen?"
Schon am frühen Nachmittag erreichten wir den Bergsee. Der Alte verschwand in der Hütte, und ich entschied mich, den Nachmittag am See zu verbringen. Es war ein Bilderbuchtag und ich genoss es, die Sonnenstrahlen auf meiner Haut zu spüren.
Natürlich hatte ich das Zauberbuch dabei. Es begleitete mich jetzt schon eine ganze Weile und hatte mir viele unterhaltsame Momente beschert. So heiterte mich auch diese Geschichte auf und ließ mich die Ernsthaftigkeit des Erlebten für einen Moment vergessen.

Sommercreme

Es war an einem wunderschönen Tag im Juni. Die Sonne schien und wärmte mit ihren heißen Strahlen meinen nackten Körper. Ich lag auf einem Tuch mitten auf einer Wiese, die an den See angrenzte und lauschte dem Summen der Bienen, dem Zwitschern der Vögel und dem plätschernden Wasser ... Ich ließ mich gerade mit der leichten Brise ins Land der Träume tragen, als mir etwas warmes auf den Rücken klatschte und mich aus meinem Halbschlaf riss ... Es fühlte sich an wie Sonnencreme, die in der Sonne gelegen hat ... sah ebenso aus ... und roch ... und roch ... nach ... Scheiße!
Es war der selbe Nachmittag an dem mir die Erkenntnis kam ... 'Nicht alles Gute kommt von oben ... manchmal ist es bloß ein Vogel der Ballast abwirft ... '

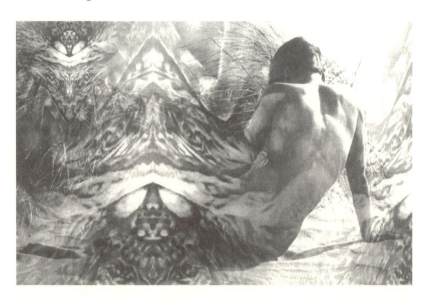

Amüsiert legte ich das Buch zur Seite und beobachtete wie eine Bergdohle über mir dahin flog, glücklicher Weise blieb ich vom Ende der Geschichte verschont.
Je weiter wir von der Welt entfernt sind, desto wirklicher erscheint sie uns, hatte der Alte mir heute morgen erklärt, je näher wir ihr kommen, desto weniger sichtbar wird sie und entzieht sich uns wie eine Luftspiegelung.
Gleichmäßig liefen die Wellen am Ufer aus. — In den vergangenen Tagen hatte ich eine immense Entwicklung durch gemacht. Ich war bereit, alles zu verändern. Aber wie sollte es jetzt weitergehen? Konnte ich die neue Lebensform aufrecht erhalten? Alleine in dieser Welt zu leben war bedeutend einfacher. Inmitten der pulsierenden Gesellschaft diese Tugenden zu bewahren, würde ein großes Maß an Disziplin erfordern.
Der Alte sagte einmal: Sich selbst genügen und nichts vom Außen verlangen, das ist wahre Tugend!
Das mag wohl sein, aber weise Sprüche sind schnell geschrieben, dachte ich und stellte mir vor, wie es weiter gehen könnte. Schon bald würde ich wieder auf mich selbst gestellt in den Alltag eintauchen. Ob ich es schaffen würde?
Aber wer sollte denn sonst daran glauben, wenn ich es nicht tat? Gedanken schaffen nicht nur Realitäten ... sie sind Realität.

Weisheit im Schafspelz — Die Tagung

Es war ein milder Tag, die Sonne schien und die Schlüsselblumen machten sich daran, die Tür zum Frühling zu öffnen. Ich jedoch ging dem Tag mit gemischten Gefühlen entgegen. Einerseits freute ich mich, andererseits stand ich unter Hochspannung.
Es war die erste homöopathische Tagung, an der ich teilnahm. Sie wurde zu Ehren von Hahnemanns zweihundertvierundvierzigsten Geburtstag durchgeführt. Ich war sowohl für die Vortragsreihe, als auch für das Galadinner danach eingeladen, denn heute sollte die Eröffnung des B. K. Bose Museums über die Bühne gehen.

Jetzt saß ich am VIP-Tisch mit den Referenten. Krebs war das Thema, das behandelt wurde. Ich fühlte mich nicht sehr wohl unter so vielen Homöopathen. Der Saal war randvoll, es mussten um die vierhundert sein. Irgendwie hatte ich immer das Gefühl, einem Menschentypen zugeordnet oder analysiert zu werden.
Dr. Jus hielt den letzten Vortrag.
"Krebs ist nicht die Krankheit selber, sondern lediglich die Frucht einer Krankheit", begann er, die Konzentration des Publikums auf sich lenkend. Er war ein brillanter Redner und verstand es, einen mitzureißen.
"Operative Entfernung, Bestrahlung oder, wie letztlich gepriesen, die medikamentöse Verstärkung unserer Abwehrzellen und alle anderen Therapieformen, die in der Peripherie ansetzen und den Krebs selber besiegen wollen, können vielleicht das Leben verlängern, sind aber auf keinen Fall in der Lage, Harmonie und Gleichgewicht im Zentrum wiederherzustellen. Krebs als Frucht einer tiefen Störung – diese Betrachtungsweise hat sich langsam in vielen anderen Medizinsystemen etabliert. Jahrzehntelang wurden Millionen von Franken und wertvolle Zeit in die Forschung gesteckt, die nicht zum gewünschten Erfolg führte. Es ist ein bisschen so, als ob man inneren Frieden und Glück in Dingen suchen würde, die weit vom Zentrum entfernt sind. Jede äußere Sache bringt uns weit weg von unserer inneren Realität. Liebe zu Materiellem lässt uns kostbare Zeit und die Verbindung zu unserem Selbst verlieren. Das vergebliche Streben zu Reichtum, einer Partnerschaft oder Karriere zu kommen, kostet uns viel Kraft, und unsere geheimnisvolle, tiefliegende Schwäche macht uns dann empfänglich für die Krankheiten, für die wir anfällig sind. Aus allem Stress zu produzieren, empfindlich auf Stresssituationen zu reagieren oder die Unfähigkeit, Stress und Spannungen standzuhalten, gehören zu den häufigsten Faktoren, die uns für allerlei Krankheiten anfällig machen."
Obschon ich gespannt zuhörte, kam plötzlich Müdigkeit über mich und ich tat mich schwer damit, die Augen offen zu halten.
"Zum Schluss möchte ich Ihnen noch eine freudige Überraschung verkünden: In unserer Bibliothek ist ein Museum zu

Ehren meines geliebten Lehrers B. K. Bose entstanden", vernahm ich seine Stimme aus der Ferne. Mit einem Schlag war ich hellwach und meine Nervosität stieg stetig. "Ich habe einen jungen Künstler beauftragt, Bilder zu malen. Erst hatten wir nur ein einziges Foto. Jetzt haben wir eine Bilder Überschwemmung."
Lachen hallte durch den Saal. Mir stockte das Blut in den Adern.
"Herr Oswald, kommen Sie bitte zu mir nach vorn."
Das gestockte Blut schoss mir in den Kopf. Das war nicht abgemacht. Ich war geschockt und wollte mich verkriechen. Es ging nicht. Alle blickten neugierig auf mich. Irgendwie erreichte ich mit hochrotem Kopf die Bühne. Vierhundert Menschen starrten mich an. Achthundert Augen waren auf mich gerichtet.
"Sie müssen nichts sagen. Setzen Sie sich hin", vernahm ich seine ruhig klingende Stimme. Gelächter war das letzte, was ich noch wahrnahm. Ich verlor die Kontrolle über mich, konnte nichts mehr vorspielen. — Nicht ich habe dieses Werk vollbracht, ich war bloß ein Werkzeug des großen Geistes, war der einzige Gedanke der mich noch durchfuhr. Der Schock lähmte mich so stark, dass ich mich nicht mehr erinnern kann, was danach geschah.
Durch das Klatschen kam ich wieder zu mir. Doktor Jus gab mir freundschaftlich die Hand und gratulierte mir. Dann machte ich mich auf den Weg zu meinem Platz. In den Blicken konnte ich erkennen, wie schlimm es für mich gewesen sein musste. Mitgefühl und Schmerz war in den Augen der Zuschauenden zu lesen.

Meine Gedanken spielten verrückt, drehten durch, waren nicht zu fassen. Langsam wurde es ruhiger im Ausstellungsraum.
"Sind Sie die ganze Zeit über hier gewesen?", fragte mich Frau Jus.
"Ja", antwortete ich immer noch verkrampft.
"Kommen Sie doch hoch zum Apero. Das Buffet wird schon bald eröffnet", sagte sie verständig lächelnd.
Oben angekommen waren wieder so viele Menschen. Ich ertrug es nicht mehr länger. Dr. Jus musste es bemerkt haben.

Er kam zu mir und zeigte mir, wo die Getränke waren. Der Orangensaft war ausgegangen, nur der Weißwein war übrig geblieben. Das war ein Zeichen! Jetzt genehmigte ich mir gleich zwei Gläser davon. Die Wirkung war beruhigend.
Wie wir jetzt an den festlich geschmückten Tischen saßen, prostete mir Dr. Jus mit einem Hanfbier zu. Ich tat so, als ob ich nicht verstehen würde, denn ich hatte meine Abstinenz gebrochen und fühlte mich ertappt. Wieder hob er das Glas. Ich wusste, dass er noch nie in seinem Leben Alkohol getrunken hatte. Oder hatte er mir das nur erzählt?
Mein Tischnachbar machte mich wieder auf ihn aufmerksam. Jetzt konnte ich nicht mehr anders und so prostete ich zurück.
"Welche Lektion ist die schwierigste im Leben?", fragte Dr. Jus die Menge nach dem Essen.
"Maß halten", rief jemand.
"Das auch."
"Loslassen", war von einem der hinteren Tische zu hören.
"Ja, loslassen ist eine der schwierigsten und leichtesten Lektionen zugleich", erklärte er ohne mich dabei anzusehen.
Trotzdem hatte ich das Gefühl, dass alles auf mich bezogen war.
"Wie geht es Ihnen?", fragte er mich später, als sich die Stimmung etwas gelockert hatte.
"Besser", entgegnete ich.
"Herr Oswald mag keine Komplimente." Als ob er an eine Türe klopfen würde, pochte er mir dabei auf die Brust, vermutlich um die Pforte zu meinem Herzen zu öffnen. "Sehen Sie nur," sagte er auf die Menschen im Saal deutend, "soviel Liebe."

Vom Alltag eingeholt — Dienstag 14. August ... 23.15 Uhr

Eifer wäre ja an und für sich nichts schlechtes, aber muss es denn gleich zur Sucht werden? überlegte ich gerade ... Vielleicht ist es ja wirklich so, dass Leidenschaft, Leiden schafft, dachte ich weiter, oder müsste es eher Leiden kann, aber muss nicht schafft heißen?

Schon all zu lange war ich allein und die Sehnsucht nach Zweisamkeit stieg in mir hoch und machte sich breit ... dies schien mir ein gutes Zeichen zu sein, waren es doch bis dahin immer gescheiterte Beziehungen, die mich beschäftigten ...
Ich schaute in den Kühlschrank ... gähnende Leere ... keine Ahnung für was ich den noch angeschlossen hatte ... seit Tagen hatte ich nichts mehr eingekauft ... ob es am leeren Kühlschrank lag? ... Ich denke nicht ... aber ich begann mir vorzustellen, was für eine Frau das sein müsste, die mich zum Schmelzen bringen würde ... es müsste wohl eine Seelenverwandte sein ...

Seelenverwandt
In so viele Augen hab ich schon geschaut, doch deine waren nie dabei ... In wie viele ich wohl noch blicken mag, bis mir dieses Funkeln entgegen strahlt ... dieser tiefe Glanz, wie er nur von Seelenverwandten wahrgenommen werden kann ...
Ich fühle es ... die Zeit des Wiedersehens naht ...
Wenn ich dich auch in dieser Form noch nie gesehen habe, so vertraue ich doch jenem Instinkt, der uns in so vielen Lebensformen immer wieder zusammen finden ließ ...
Ich fühle es, die Zeit ist nah ...
Die Phase der Selbstfindung, des Einswerdens war notwendig, da sich das Potential verdoppelt, wenn sich zwei in sich ganze Wesen vereinen ...
Ich fühle es, die Zeit ist nah ...
Die Zeit in der Lichter sich vereinen und zu neuen noch strahlenderen Sonnen verschmelzen ...
Ich fühle es, die Zeit ist nah ... ich spüre es ... sie ist da ...

Es ist völlig normal, dass Menschen andere Menschen lieben und trotzdem versuchen wir dauernd unsere Gefühle zu verbergen, fühlen uns dann aber unverstanden, wenn sie von niemandem wahrgenommen werden. — Ich lehnte mich in den bequemen Polsterstuhl und streckte die Beine aus. — Sind Versuchungen dazu da, um ihnen zu widerstehen? fragte ich mich ... Versuch es, fiel mir spontan dazu ein ... Wieso wollen die meisten Menschen keine Veränderungen? Dabei sind doch Veränderungen so abwechslungsreich. Ich streckte die

Arme und verschränkte sie hinter dem Kopf ... Der Schritt zurück ins Altvertraute vermag mich nicht mehr zu befriedigen, der Blick nach vorn macht mich neugierig.
Entwicklung bedeutet immer genauer zu erkennen, was sich darunter verbirgt, als ob man Schicht um Schicht entfernen und immer tiefer zur eigenen spirituellen Realität, zur inneren Zentrale für auswärtige Angelegenheiten vordringen würde ...
Mein Blick streifte den an die Wand gelehnten Spiegel, dabei sah ich mir in die Augen und mir fiel ein: Wenn deine Augen zu leuchten beginnen, dann weiß ich, du bist auf dem richtigen Weg. Wenn sie dann aber strahlen, hast auch du es gemerkt.

Der Aufstieg — glitzerndes Wasser

Weich und schwach ist der Mensch bei seiner Geburt, hart und stark stirbt er, sagte der Alte einst zu mir, weich und zart sind die jungen Pflanzen, dürr und starr im Herbst. Darum, fuhr er fort, sind die Harten und Starken Gesellen des Todes. Die Weichen und Schwachen sind Freunde des Lebens.
Immer wieder musste ich diese zwei Bäume vor mir betrachten, und ich dachte mir, dass sie wohl beide groß und stark gewachsen, aber nur zusammen eine perfekte Form ergaben. Würde man den einen fällen, so würde der andere einseitig aussehen, und es würde wohl einiges an Zeit kosten, bis der andere sich von der Trennung erholt und wieder zu einem in sich perfekten Baum geworden wäre. Jedenfalls wäre es möglich, wenn er noch genügend Lebenskraft zur Verfügung hatte.
Das erinnerte mich an eine meiner vergangenen Beziehungen, nicht das einer von uns gefällt wurde, eher umgepflanzt, aber es hatte einiges an Zeit gebraucht, bis ich meine eigene Form wieder, oder neu gefunden hatte. Ja so ist das ... Die Verliebtheit ist wie ein Rausch ... hüte dich vor dem Nachbrand.
Langsam wurde es Zeit zurück zu gehen.

Ich gönnte mir noch einen letzten Blick auf den See. Die Sonne wurde vom Wasser reflektiert und bildete einen silbern

glitzernden, direkt auf mich zukommenden Lichterteppich, was mich an einen Satz aus der Rede des Häuptling Seattle erinnerte: Wie kann man das Glitzern des Wassers kaufen oder verkaufen? Diese Vorstellung ist uns fremd.
Die Sonne blitzte noch ein letztes Mal hinter den Bergen auf, bevor sie ganz verschwand.
Als ich zurück kam, wartete der Alte schon vor der Hütte: "So, hast du dir noch einen schönen Tag am See gemacht? Du hast wohl gewusst, dass es der letzte hier oben sein würde."
"Sagen wir's mal so, ich hab's geahnt", entgegnete ich etwas enttäuscht darüber, dass es schon vorbei sein sollte. Dann setzte ich mich neben ihn und sagte: "Ich möchte dir danken, für alles, was du für mich getan hast."
"Nicht ich habe es getan, du selbst warst es. Aber wenn du unbedingt jemandem danken willst, dann" ... er unterbrach und wies mit dem Finger nach oben in den dämmrigen Himmel, "tue es gleich am richtigen Ort."
"Trotzdem hast du mir vieles klar gemacht, manchmal auch nur durch Schweigen."
Und ich überlegte, ob ich ihm wohl auch einmal helfen könnte ... unwahrscheinlich ... doch dann fiel mir eine Geschichte ein, die ich als Kind immer gern gehört hatte. Die Geschichte mit dem Löwen und der Maus: "Die Maus war in die Pranken des Löwen geraten und bettelte um ihr Leben. Da der Löwe ohnehin schon satt war und eine so kleine Maus auch nicht gerade viel hergegeben hätte, ließ er seinen Großmut walten und schenkte ihr das Leben. Die Maus bedankte sich und bot dem Löwen ihre Hilfe an, falls er einmal in Schwierigkeiten kommen sollte. Der Löwe lachte laut und sagte: Wie willst du mir denn helfen, ich bin der König des Dschungels. Die Zeit verging und eines Tages verfing sich der Löwe in einer Falle von Wilderern. Er war unter einem Netz gefangen und seine Lage war aussichtslos. Doch dann kam die kleine Maus und biss mit ihren scharfen Zähnen das Netz durch und befreite ihn."
Lächelnd schaute mir der Alte in die Augen, er kannte meine Gedanken, nickte mit dem Kopf und dachte: Eine weise Geschichte!

Vom Alltag eingeholt — Mittwoch 15. August ... 8.30 Uhr

Der heutige Tag begann wie immer ... ich startete den Computer und setzte dann Wasser auf, um Kaffee zu kochen ... im Hintergrund vernahm ich das Geklimper des inzwischen gestarteten Geräts ... noch bevor ich ins Bad ging, um zu duschen, rief ich die Emails ab ... nichts Besonderes ... nur Werbung ... beim Drücken der Delete-Taste sah ich gerade noch, dass es sich um Horoskope handelte ... zu spät ... da fiel mir meine Astrologin ein ... mein Besuch bei ihr lag noch gar nicht so lange zurück ...
Ich durchsuchte meine Kassettensammlung. Irgendwo mussten die Aufnahmen sein. Tatsächlich fand ich ein Band mit der Aufschrift: Fahrplan Birkenstein. Schnell legte ich das Tape ein und wartete gespannt den Vorspann ab.
"Haben Sie immer versucht, das zu tun, was Sie gerne machen?"
Meine Antwort war kaum hörbar und so wurde mir der ungewohnte Klang der eigenen Stimme erspart. Ein Rauschen und Knacken war zu hören, als das Mikrofon zurechtgerückt wurde.
"Und jetzt sehen Sie, das kann bei Ihnen nicht funktionieren. Die Möglichkeiten sind noch nicht reif. Bei Ihnen kann man wirklich sagen: Im Juni kann man keine Trauben ernten. Und jetzt möchten Sie die unreifen Trauben konsumieren und die tun Ihnen nicht gut. Haben Sie verstanden?"
Wie in einem Film spielten sich die vergeblichen Bemühungen, Anstrengungen, Rückweisungen und Fehlschläge vor mir ab.
"Saturn unterliegt dem Siebenjahresrhythmus, er wirkt hemmend, erschwerend und toleriert keine Fantasie. Solche Phasen muss man akzeptieren, sich beugen und auf das Bestehende konzentrieren. Arbeitsintensität ist gefragt und das Resultat entspricht nicht dem Einsatz ... das ist typisch Saturn."
Ich drückte die Eject-Taste, das Tape wurde ausgeworfen und ich wechselte es mit dem aktuelleren aus. Mit ruhiger aber bestimmter Stimme war Frau Birkenstein erneut zu vernehmen:
"Vielleicht haben Sie diese Sucht gebraucht, um zu schalten, denn ohne Krise keine Entwicklung."
Sofort fiel mir der Zusammenhang wieder ein. Und wieder erstaunte mich die Präzision ihrer Voraussagen. Von der Sucht bis zum Zusammentreffen mit Dr. Jus, alles hatte sie mir

vorhergesagt, durch mathematische Gesetzmäßigkeiten berechnet.
"Der Mensch sollte im Verlauf seines Lebens drei Stufen durchlaufen, die erste Stufe ist das Suchen, das Hinterfragen, die Bewusstwerdung, die zweite Stufe ist das Verständnis, die Einsicht, und die dritte Stufe ist die Vereinigung mit Gott gleich Demut. — Zu mir kommt man auf der ersten Stufe. Der Gedanke, es müsse etwas gehen, das ist die Suche."
Schon immer hatte mich diese Frau beeindruckt, diese permanente Geradlinigkeit, diese Härte zu sich selbst, die keine Schwächen zu tolerieren schien. Manchmal hätte ich sie am liebsten in den Arm genommen und gesagt: 'Nimm dir heute einmal frei.'
"Man wird so lange geschüttelt, bis man begreift, und wenn man nicht begreift, wird man bis zum Tod geschüttelt. Wenn ein alter Mensch sagt, er habe ein schreckliches Leben gehabt, ist er für mich sowieso disqualifiziert, dann hat er nicht begriffen."
Wieder war meine Stimme im Hintergrund nicht zu verstehen. Ich drehte die Lautstärke voll auf ... jetzt war schwach hörbar zu vernehmen: " ... ich verbringe auch viel Zeit allein."
Wie vom Blitz getroffen fuhr ich zusammen, so laut schrie mich jetzt Frau Birkenstein aus den Boxen an: "Jetzt haben Sie wieder etwas so Wahres gesagt, entwickeln tut sich ein Mensch nur allein. Die totale Entwicklung kann nur dann stattfinden, wenn man auf sich selbst zurückgeworfen wird."
Ich stoppte das Band, legte es zur Seite und erinnerte mich an den Satz, der mir damals auf dem Weg zu ihr, der blendenden Morgensonne wegen, eingefallen war: 'Gehe dem Licht entgegen, aber lasse dich nicht von ihm blenden.'

Weisheit im Schafspelz — Ähnliches mit Ähnlichem

Am nächsten Morgen wachte ich schon früh auf. Ich war noch immer verwirrt. Nach dieser Enttäuschung wollte ich mir etwas Gutes tun. Ich kochte Milch auf, streute Gras hinein und ließ es eine Weile ziehen. Jetzt erinnerte ich mich an ein Gespräch

mit Dr. Jus. Es ging ums Kiffen, und wir kamen auf die indischen Bettelmönche zu sprechen.
"Ich habe mit ihnen gesprochen", meinte er damals. "Sie rauchen das Gras nicht, sondern kauen es und schlucken den Saft. Sie brauchen es, um in Trance zu kommen. Aber noch viel wichtiger, sie tun es nicht jeden Tag, sondern nur alle drei bis vier Monate."
Von der Zeitspanne her lag ich also richtig. Ich zündete Kerzen und Räucherstäbchen an, setzte mich im Lotussitz hin und begann zu entspannen. Ich lächelte in mich hinein und versuchte mich auf den Atem zu konzentrieren. Doch immer wieder tauchten Gedanken und Bilder auf. Mir fiel ein, dass ich mir vor sieben Jahren in meinen täglichen Morgenmeditationen ein Bild vorgestellt hatte: Dr. Jus stand auf einer Bühne und gratulierte mir zu meiner Ausstellung. In der gleichen Zeitspanne hatte ich auch einen Traum, indem mir Dr. Jus mitteilte, dass es noch sieben Jahre dauern würde, bis ich soweit sei. Jetzt wurde mir klar, was die Vorstellung für eine Kraft hat und wie sehr es darauf ankommt, was man sich wünscht.
Mir wurde bewusst was Dr. Jus am Vortag bei mir ausgelöst hatte. War es eine homöopathische Glanzleistung, die er vollbracht hatte?
Die Homöopathie basiert auf dem Grundgesetz: Ähnliches mit Ähnlichem. Befolgt man dieses Gesetz genau, so löst sich die Krankheit auf. Allerdings sind die Mittel potenziert und wirken auf der energetischen Ebene, was man vom gestrigen Erlebnis nicht behaupten konnte. Das war unverdünnt, pur, eins zu eins.
Als Kind hatte ich ein ähnliches Erlebnis. Ich war damals in der ersten Klasse. Ich hatte mich in eine Mitschülerin verliebt und wollte es ihr mitteilen. Zuhause hatte ich eine Postkarte, auf der zwei Eichhörnchen abgebildet waren, mit der Aufschrift 'ich liebe dich' versehen.
Damit die Karte von niemandem gesehen wurde, hatte ich sie halb in die Hose geschoben und unter meinem Pullover versteckt. Als die Schulstunde begann und wir uns setzen mussten, stach sie mich in den Bauch. Der Lehrer bemerkte es. "Was hast du da? Bringe es zu mir nach vorn!", befahl er.

Entlarvt und mit hochrotem Kopf ging ich zu ihm. Er las die Karte vor und sagte: "Gib sie Rahel und setz dich wieder." Gelächter hallte durch den Raum. — So trug diese Lektion sehr zu meiner Verklemmtheit bei, meine Gefühle offen zu zeigen. Ich möchte damit nicht dem Lehrer die Schuld zuweisen, höchstens darauf aufmerksam machen, was scheinbar nichtige Ereignisse für eine Wirkung haben können.
Einige Tage später gab mir Rahel die Karte mit einem roten Stift korrigiert zurück. Ich hatte Liebe ohne ie geschrieben.
Jetzt begann das THC zu wirken ... Meine Mundwinkel zogen sich nach oben und ein Grinsen machte sich breit. Farben und Bilder fuhren an mir vorbei wie Comics, zu schnell um sie genau zu betrachten ... Meine Wahrnehmungen und Empfindungen begannen sich zu verschärfen. Die Musik zog mich in ihren Bann und so stand ich auf und begann, mich zu ihr zu bewegen. Von meinem Scheitel und den Armen ging eine Verbindung in den Himmel hinauf, als ob ich eine Marionette wäre. Lichtfäden verbanden mich mit dem Himmel und ließen mich zur Musik umher wirbeln. Alles fühlte sich so wirklich an, dass ich mich fragte, ob diese Verbindung wohl immer bestehen würde, wir sie aber nicht fühlen können, weil unsere Wahrnehmung sonst ein ganz anderes Spektrum abdeckt.
Schon bald hatte sich mein Körper an die neue Sicht gewöhnt und die Konzentration ließ nach. Mein trockener Mund verlangte nach Wasser und meine zunehmend entspannteren Muskeln sehnten sich nach Ruhe. So legte ich mich aufs Bett, schloss die Augen und ließ meinen Geist mit der Musik auf Reisen gehen. Da fiel mir ein Zitat von C. G. Jung ein: 'Eine Vision ist nichts anderes, als ein im Wachzustand erlebter Traum.'

Vom Alltag eingeholt — Donnerstag 16. August ... 15.00 Uhr

Ich hob den Blumentopf an, um den Schlüssel aus dem Versteck zu nehmen. Schweißperlen liefen mir über die Stirn und tropften auf den Teppich auf meinem Vorplatz.

'Sie müssen schneller reagieren, nicht erst aufstehen wenn Sie unter Druck geraten. Sie müssen lernen, aktiv ins Geschehen einzugreifen. Sie sind nicht risikofreudig, dadurch warten Sie ab ... das ist Ihr Problem. Durch Sport können Sie lernen, beweglicher zu werden. Machen Sie Sport?', erinnerte ich mich an die auffordernde, alles durchdringende Stimme meiner Astrologin.
Ich drehte den Schlüssel, öffnete die Türe und betrat mein Studio. Wieder tropfte es auf den Boden, eine Schweißspur zeigte meinen zurückgelegten Weg. Ich zog das triefende T-Shirt aus und warf es in den Wäschekorb.
'Sie verschlafen Ihr Leben! Ich komme jetzt schon aus dem Wald und bin bereits sechzig.' Mit streng aufrechter Haltung, säuberlich hochgesteckten Haaren und korrekt sitzender Kleidung, saß sie mir damals gegenüber. Das Licht schien gedämpft und die Geräuschkulisse des verkehrsreichen, direkt unterhalb liegenden Platzes war nur zu erahnen.
'Sie haben kein System ... Wenn jemand den Saturn an dieser Stelle hat, gibt es nur eines: Solidität und Seriosität! Sie müssen lernen, früher auf die Erde zurückzukommen.'
Der Raum begann immer einengender auf mich zu wirken. Die düsteren Bilder in ihren massigen Barockrahmen schienen mich zu erdrücken, die schweren Teppiche drohten mich zu verschlingen und als ob ich mit Blei bestückt wäre, sank ich immer tiefer in den Ledersessel.
'Disziplin kann man nur durch ein Hobby, nicht über die Arbeit erlangen, und die schwierigste unter den Disziplinen ist die Selbstdisziplin.'
Langsam kühlte ich ab und mein Puls begann sich zu normalisieren. Vor mehr als einer Stunde war ich los gejoggt. Das gestern gehörte Band hatte es geschafft, mich zu motivieren.
'Im Vergleich zu den Drogen, fühlt man sich nach dem Sport bedeutend zufriedener, dafür ist es am Anfang wesentlich anstrengender', überlegte ich während mir das Wasser auf den Rücken prasselte. Wieder sah ich Frau Birkenstein vor meinem geistigen Auge: 'Nun Herr Oswald, es ist so ... wir leben alles unbewusst und ich mache nichts anderes, als das Unbewusste ins Bewusstsein zu heben. Von mir hören Sie nichts Neues, denn unterschwellig haben Sie alles schon gewusst. Man muss

einfach beide Seiten von einer völlig neutralen Person erfahren, um seine Lebensaufgabe bewältigen zu können. Ich gebe Ihnen Informationen ... Sie sollten diese integrieren ... Je früher, je besser.'
Das mit Schweiß vermischte Wasser floss durch den Ablauf, Dampf trübte die Sicht und ließ den nachfolgenden Schaum weicher erscheinen.
'Ich kann Ihnen nur sagen wo die Grenzen liegen, was für Möglichkeiten und Tendenzen Sie haben, umsetzen müssen Sie, sie selbst.'
Sie war eine konservativ wirkende, schlanke, kultivierte Dame die mit einer solch geradliniger Zielsicherheit operierte, dass die Wunden zwar tief, aber keineswegs von unnötiger Größe waren.
'Jetzt haben Sie den Fahrplan ... schauen Sie, dass Sie den Zug erwischen.'

Der Aufstieg — stilles Wasser

Langsam begann sie zu funktionieren ... die Telepathie, oder wie auch immer man es nennen mag ... das Eintauchen ins Ganze.
Denn wenn alles miteinander verbunden ist, so sind es auch die Gedanken. Es ging nur darum, die störenden Nebengeräusche rauszufiltern. Dazu musste man zur Ruhe kommen wie stilles Wasser, es reagiert auch auf den kleinsten Stein, auf das feinste Kräuseln des Windes und spiegelt es auf der Oberfläche.
Noch lange saßen wir schweigend da.
Der Geist ist Leben, Leben ist Geist. Es gibt kein Leben ohne Geist. Das Stoffliche ist die Hülle, die Schale, der Schatten, den die Wirklichkeit wirft, die der Geist ist, tauschten wir uns wortlos aus.
Ich weiß nicht mehr was zuerst über mich kam, Müdigkeit oder Feuchtigkeit, jedenfalls wurde es kühl und wir gingen zur Hütte. Nachdem ich eine Kerze entzündet hatte, machte ich es

mir auf der Matte gemütlich und genoss noch einmal die schlichte Atmosphäre dieses Raums.
"Im letzten Stadium offenbart der Geist sein wahres Wesen: Klarheit und Lichthaftigkeit. Jede Trennung zwischen Subjekt und Objekt verschwindet. Aber jetzt ist es Zeit für mich. Ich leg mich hin", verabschiedete sich der Alte.
"Gute Nacht", wünschte ich, mich unter die Decke kuschelnd, dann zog ich das Buch hervor, noch nie hatte ich ein Seite zweimal aufgeschlagen.

Das Leben ist ein Hindernislauf

bei dem niemand als erster durchs Ziel will ...
bei dem es hinderlich ist, zuviel dabei zu haben, da man alles selbst tragen muss ...
bei dem es darum geht, seine Schwächen zu erforschen, um sie dann in Stärken umzuwandeln ...
bei dem du dir die Hindernisse selbst in den Weg legst, um dich nachher darüber zu ärgern ...
bei dem dieselben Hindernisse so lange auftauchen, bis du sie überwunden hast ...
bei dem man ständig in Bewegung bleiben muss, da man sonst von Krankheiten angefallen wird ...
bei dem du nicht schwindeln kannst, da alles auf dich zurückkommt ...
bei dem du im Äußeren sehen kannst, wie es in deinem Inneren aussieht ...
bei dem wir uns selbst helfen, in dem wir anderen helfen ...
das Leben ist ein Hindernislauf, bei dem wir nicht gewinnen können ...

Am folgenden Morgen wachte ich erst spät auf, als ob ich am Vorabend zuviel getrunken hätte. Irgendwie hatte ich das Gefühl, dass etwas nicht stimmte, es roch auch nicht wie sonst nach frischem Tee. Ich stand auf und schaute mich um. Als ich zum Fenster ging, fand ich auf dem Tisch einen Zettel, der mit einem vollen Glas Wasser beschwert war. Darauf stand: *Wahre Freunde sind ohne Geschmack, sie sind wie Wasser.*
Ich trank das Glas in großen Zügen leer und stellte es auf die Ablage. Unter dem Honig befand sich ebenfalls ein Zettel mit der Aufschrift: *Falsche Freunde haben Honig auf ihren Zungen.*
Ich schaute aus dem Fenster. Wolken waren aufgezogen. Ich faltete den Zettel, zwischen den Fingern durchziehend und überlegte: Was hat das zu bedeuten? Ist das so etwas wie ein Abschiedsbrief?
Da war auf einmal eine Leere. Ist der Alte schon gegangen, ohne sich zu verabschieden? Ich schaute im Garten und am See nach, um sicher zu sein, dass meine Vermutung der Wahrheit entsprach. Er blieb jedoch unauffindbar. Mit trüben Gedanken ging ich wieder zur Hütte zurück.
Auch ich bin kein Freund von Abschiedsszenen, doch jetzt war ich ein wenig enttäuscht darüber, ihn nicht mehr zu sehen. Oben angekommen, setzte ich mich an den Tisch und schlug das Zauberbuch auf.

Enttäuschung

Ein Tropfen fällt auf's kahl rasierte Land ...
Ein Schrei zerzaust's im Wind ...
Und wieder ist es leer ... als ob ich Atem wär ...
Als ob ein Schatten von feuchtkalten Nebelschwaden getrieben, sich über Stoppeln stolpernd, von der annahenden Dunkelheit verschlingen ließe ...
und wieder ist es leer ... als ob ich Atem wär ...
Ein dürrer Ast, nicht mehr in der Lage nach zu geben, zerbricht im Sturm ...
Ein starker Baum sich im Wind vor dem Firmament verneigend, misst seine Kräfte ...
Ein Tropfen fällt auf's kahl rasierte Land ...
Ein Schrei zerzaust's im Wind ...
Und wieder ist es leer ... als ob ich Atem wär ...

Vom Alltag eingeholt — *Freitag 17. August ... 12.00 Uhr*

Ein Tropfen fällt auf's kahl rasierte Land ... Ein Schrei zerzaust's im Wind ... Und wieder ist es leer ... als ob ich Atem wär, waren die letzten Worte, die ich eintippte ...
Die dumpf matte Stimmung schien sich in diesem Moment zu verflüchtigen und es war mir, als ob ich mit diesen Zeilen eine Brücke geschlagen hätte ... eine Brücke zu meiner Zukunft?
Ein Wurmloch zu einer parallel liegenden Existenz?
Jedenfalls wusste ich, dass die Zeit der Zurückgezogenheit dem Ende nahte ... mir war, als ob ich mein Defizit aufgearbeitet hätte ...
Was blieb war diese Leere, die wohl nur darauf wartete, mit Neuem aufgefüllt zu werden ... mich überkam die Lust nach Abenteuer ... das Leben, den Moment zu leben ...
Denn gab es die Vergangenheit wirklich?
Alles was davon übrig war, hatte nichts Wirkliches an sich, waren nur Gedanken und Erinnerungen ... das Essentielle war wohl die Erfahrung ... ansonsten blieb nur diese Leere ...
Ich schloss die Augen und atmete tief ein, hielt für einen Moment die Luft an, um kurz darauf wieder aus zu atmen ... immer entspannter konzentrierte ich mich ... und aus der Leere tauchte ein Bild auf ... erst war es verschwommen, noch unfassbar ... doch dann konnte ich spiegelndes Wasser ... einen See erkennen ... umgeben von Bergen ... Die Sonne strahlte und ihr Schein wurde immer stärker, bis sich das Bild in Licht auflöste und schließlich völlig verschwand ...
Und mir war klar ... ich musste weg ... eine Reise in die Berge unternehmen ...

Weisheit im Schafspelz — innerlich zerrissen

Immer wieder beschäftigten mich Fragen wie: Was wollen die Homöopathen von mir? Soll ich diese Ausbildung in Angriff nehmen? Wie könnte ich die Kunst mit dem Lernen kombinieren?

Doch es sträubte sich etwas dagegen. Ich war innerlich zerrissen, im Zwiespalt mit mir selbst und kam zu keiner Lösung, denn die Kunst war meine Leidenschaft. Niemals hatte ich etwas anderes zu tun gewünscht. Schon des Öfteren hatte mich Dr. Jus darauf aufmerksam gemacht: Sie müssen ein Ziel haben!

Doch mir fiel nichts ein, bis ich eines Nachts einen Traum hatte: Ich stieg von einem sehr steilen, schmalen, übermäßig spitz wirkenden Berg hinunter. Überall standen Tafeln mit Informationen zu verschiedenen Pflanzen, ähnlich wie bei einem Waldlehrpfad. Ich kannte schon alle, denn ich kam von ganz oben. Als der Weg langsam auslief und flacher wurde begegnete ich einem jungen Mann. Es schien ein ausländischer Student, vielleicht ein Grieche oder Inder zu sein. Er fragte mich, ob ich auch hier studieren würde. Ich verneinte und erklärte ihm, dass ich nur die Bilder malen würde.

Trotz der Klarheit dieses Traums war ich mir nicht sicher, ob man nicht doch erwarten würde, dass ich diese Schule besuchte, denn man hatte mir sogar angeboten die Ausbildung kostenlos zu absolvieren. So rang ich mit mir und hoffte auf Einsicht.

Doch das Gegenteil traf ein, die Aufträge blieben in der folgenden Zeit aus und Depressionen brachen über mich herein.

Jetzt erinnerte ich mich an einen Freund aus der Techno-Szene. Sein Leben war durch die Drogen vollkommen aus den Fugen geraten und als er sich entschieden hatte alles zu lassen, fiel er in eine tiefe Depression. Ich versuchte ihm damals zu helfen, diskutierte nächtelang mit ihm, doch es war aussichtslos. Irgendwann war er verschwunden, hatte alles zurück gelassen. Seit dem habe ich nichts mehr von ihm gehört. Jetzt begann ich ihn zu verstehen, erkannte was normalerweise bei einem Entzug auf einen zukommt. Den Entzug hatte ich zwar schon hinter mir, aber das Loch, das die künstlich produzierten Glücksgefühle gefressen hatten, schmerzte erst jetzt, als ob ich aus einer Narkose erwachen würde. — Mit der Depression kamen auch meine alten körperlichen Beschwerden zurück, die durch die homöopathische Behandlung für Jahre verschwunden waren. Aus homöopathischer Sicht sind

die Hautausschläge wieder gekehrt, um meine Depressionen zu lindern. Denn die Heilung erfolgt jeweils von innen nach außen, von oben nach unten und von Neuem zu Altem.
Doch diesmal waren die Beschwerden so heftig, dass es kaum auszuhalten war. Mein Geist war dermaßen negativ und unruhig, dass ich das Ende herbeisehnte. Die Atemnot engte mich ein, dass ich zu ersticken glaubte, und die Ekzeme juckten so heftig, dass ich vom Kratzen überall offene Wunden hatte.
Allmählich hatte ich es satt zu leiden und Wut staute sich in mir, bis ich eines Nachts aufwachte und einen bösen Brief an Dr. Jus schrieb:

Lieber Herr Jus,
ich schreibe Ihnen, weil ich so meine Gedanken besser ordnen kann. Ich möchte Ihnen auch sagen, dass ich Sie noch immer für den weisesten Menschen halte, der mir je begegnet ist, auch wenn Sie dies wahrscheinlich für 'Psorafutter' halten.
Von der Homöopathie bin ich jedoch gänzlich enttäuscht und kann nicht verstehen, wie man so etwas fördern kann. Es ist nicht so, dass ich es nicht versucht hätte oder zu schnell aufgeben würde, aber es ist jetzt acht Jahre her seit ich das erste Mal bei Ihnen war.
Natürlich habe ich mich sehr zum Positiven verändert, andererseits entwickelt sich wohl jeder weiter in einer solchen Zeitspanne. Aber im Vergleich zu damals habe ich heute ein Ekzem an den Händen, das vorher nur an einem Finger war, das Asthma ist ebenfalls zurückgekehrt und innerlich bin ich so genervt, dass ich mich am liebsten umbringen würde, oder zumindest den Kopf stundenlang gegen die Wand schlagen möchte.
Jahrelang habe ich dieses Ekzem ertragen, obwohl es mich bei der Arbeit behinderte und ich unter Menschen dauernd meine Hände verstecken musste. Homöopathische Erstverschlimmerung dachte ich. Selbst als mir die Haare ausfielen, weil ich das Ekzem auch noch auf dem Kopf bekam und mir gesagt wurde, es sei ein gutes Zeichen, blieb ich ruhig und vertraute Ihnen. Aber es sind nun acht Jahre vergangen und das Ekzem ist immer wieder gekommen; das Asthma hörte

zwar auf, als ich das Rauchen aufgab (dafür bin ich Ihnen unendlich dankbar), ist aber jetzt wiedergekehrt und wenn man Ihrem Buch glauben schenkt, müsste es mir zumindest innerlich gut gehen, aber gerade dort ist überhaupt nichts in Ordnung. Und das nach so vielen Jahren. Und Sie sprechen von der sanften Methode der Heilung. Verstehen Sie das unter Heilung?
Natürlich ist es mein Körper, meine Symptome, also meine Schuld, ich mache wahrscheinlich etwas falsch ... okay ... dann bin ich wahrscheinlich unheilbar, denn Fehler werde ich immer wieder begehen.
Es tut mir Leid, dass ich Ihnen das schreiben muss, denn ich bin Ihnen auch unendlich dankbar für Ihre wegweisenden Ratschläge, Ihre Art einem etwas beizubringen ohne etwas zu sagen, es einen selbst entdecken zu lassen, die Geduld und Liebe, die Sie einem geben.
All diese Dinge gehen mir seit Tagen durch den Kopf, aber heute Nacht bin ich aufgewacht und musste es niederschreiben. Draußen beginnt es schon zu dämmern und ich hoffe, dass auch bei mir bald wieder die Sonne aufgeht, denn was hat es für einen Sinn, gesund zu leben, wenn man ohnehin keine Freude daran hat? Oder wie soll man eine Frau finden, mit Händen, die einem Monster ähneln. Es vermittelt nicht gerade das nötige Selbstvertrauen.
In der Hoffnung, dass es nicht allen Patienten so ergeht und dass die Homöopathie tatsächlich Heilung bringt, grüsse ich Sie freundlich ...

In Liebe ... Peter Oswald

Der Aufstieg — wellenartig

Für eine Weile blieb ich noch sitzen und versuchte das Gelernte anzuwenden. Ich stellte mir den Alten vor und lenkte meine ganze Konzentration auf ihn.
Plötzlich überkam es mich wellenartig, Wärme umgab meinen Körper, als ob ich in Licht gehüllt, von Liebe umgeben wäre. Es

war unbeschreiblich und ich wusste, dass ich niemals allein war und für immer einen Freund haben würde.
Zutiefst gerührt, mit wässrigen Augen stand ich auf. Ich war von Dankbarkeit erfüllt, berührt von Hochachtung gegenüber dem Universum, der Schöpfung, dem Leben und ich wusste, dass es etwas vom Größten war, in einem Menschen dieses Gefühl zu erwecken oder lebendig zu erhalten.
Ich wusste jetzt, dass es nicht darum ging, nur glücklich zu sein, sondern viel mehr darum seine momentane Situation zu leben, nichts zu verdrängen, sondern stark zu werden in dem was man fühlt und ist.
Früher dachte ich, dass das Leben mit zunehmenden Alter einfacher würde, doch jetzt war mir klar, dass es nicht das Leben war, das sich veränderte, sondern wir.
Es ging darum stärker zu werden, nicht von jedem Windstoss umgeblasen zu werden, Situationen zu durchleben und Probleme zu bewältigen, ohne daran zu zerbrechen. Das Leben beinhaltet immer beide Seiten, ohne die eine kann die andere nicht existieren. Nichts ist wirklich gut und nichts ist wirklich schlecht, es kommt einzig auf uns an, wie wir eine Sache betrachten.
Der Alte hatte mir noch Proviant für die Rückreise dagelassen. Ich packte alles ein und versicherte mich, dass ich nichts vergessen hatte.
Ein klarer Verstand und ein liebevolles Herz sollen zusammen arbeiten, denn gute Taten haben heilsame Wirkung, fiel mir einer seiner gut gemeinten Ratschläge ein.
Beim Hinausgehen sah ich, dass die Wolken wieder aufrissen und der Sonne Platz machten.
Ich setzte mich noch einmal auf die Bank, um die Landschaft ein letztes Mal zu betrachten. Versucht das Bild zu vertiefen, atmete ich einige Male kräftig ein und aus, als ob ich alles einsaugen könnte.
Dann griff ich nach dem Buch, das ich absichtlich noch nicht eingepackt hatte.

Wolkenlos

Gedanken sind wie Wolken ...
sie ziehen vorbei ... trüben die Sicht ... verdecken die Sonne ...
Gehirngewitter ziehen auf und entladen sich heftig ...
Wolken sind wie Gedanken ...
sie verformen sich ständig ... prallen zusammen ... lösen sich auf ...
jetzt reißen sie auseinander ... weichen dem klaren Himmel ...
wolkenlos ... Funkstille ...
Die Sonne geht unter ...
und wieder sind es die Wolken, die daraus ein Gemälde entstehen lassen ...

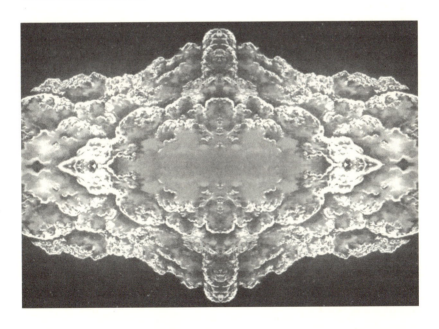

Weisheit im Schafspelz — Heilung

Wochen, ja Monate vergingen, ohne dass Dr. Jus auf meinen Brief antwortete. Eigentlich hatte ich auch nicht damit gerechnet, denn ganz tief drin wusste ich, dass dieses Schreiben vor allem dazu gedient hatte, wieder Drogen konsumieren zu können, ohne dauernd vom schlechten Gewissen geplagt zu werden. Das Leben nüchtern zu ertragen war mir einfach zu unangenehm geworden, und so fiel ich noch einmal zurück und wiederholte die Lektion, wenn auch in abgeschwächter Form.

Den gleichen Fehler zweimal zu begehen ist gar nicht so einfach und vor allem macht es nicht mehr so viel Spaß. Selbst ein Kind greift kein zweites Mal auf eine heiße Herdplatte. Es tastet sich höchstens langsam heran. So hielt auch ich dazwischen immer genügend Abstand und ließ mich nie mehr vollends darauf ein.

Auf einem Pilztrip, bei einer Goaparty kam es einmal vor, dass ich das wahre Leid der Menschen sah, die Einsamkeit der Sucht spiegelte sich in ihren Gemütern. Hoffnungslosigkeit, ja sogar den Tod konnte ich in ihren ausdrucksstarken, schon fast karikierten Gesichtern erkennen. Und das obschon sie tanzten und ausgelassen feierten.

Es war eine tiefe Einsicht die sich mir eröffnete, und zum ersten mal sah ich mich als Beobachter und nicht als dazugehörig.

Ich war schon längst aus den Tiefen der Depression aufgetaucht und hatte mich wieder halbwegs beruhigt, als mich Dr. Jus anrief.

"Die Homöopathie hat bei Ihnen schon längst zu wirken begonnen. Erinnern Sie sich, dass ich Ihnen einmal gesagt habe, dass dieses Ekzem jetzt immer auftaucht, wenn etwas in Ihnen nicht stimmt? Es ist ein Zeichen, dass etwas nicht in Ordnung ist. Auf diesem Weg kommt es an die Oberfläche und Sie fühlen sich innerlich besser. Es ist auf der Haut, sie können sich kratzen. Wo kratzen Sie sich, wenn Sie Depressionen haben?"

"Ich habe es auch nicht so gemeint, aber noch nie in meinem Leben hatte ich eine so tiefe Depression, dass ich den Tod herbei sehnte. Es schien alles so aussichtslos und zusätzlich

hatte ich noch all die körperlichen Symptome", entschuldigte ich mich.
"Wir bekommen viele Anrufe und Briefe von verärgerten Patienten. Es ist für uns nicht ungewöhnlich beschimpft zu werden", sagte er mit ruhiger Stimme.
"Es ist ja auch ein Prinzip der Homöopathie, dass alles Erleichterung verschafft, was heraus kommt", rechtfertigte ich mich, an die Philosophie der Homöopathie erinnernd.
"Das ist richtig", bestätigte er.
"Meine angestauten Frustrationen mussten einfach raus."
"Das ist auch richtig so. Wir wollen doch nichts unterdrücken. Es ist nicht damit getan, dass wir Symptome zum Verschwinden bringen. Heilung heißt, der Sache auf den Grund gehen und die Ursache zu verstehen. Wenn bei einem Auto die Öllampe aufleuchtet, schrauben wir auch nicht die Birne heraus und denken, das Problem sei damit gelöst, oder?"
"Natürlich nicht", erwiderte ich schmunzelnd.
"Oder stellen Sie sich vor, ein Kind weint. Ich nehme ein Tuch und stopfe es in seinen Mund. Dann sage ich, es weint jetzt nicht mehr, das Problem ist behoben, der Patient ist erfolgreich behandelt worden – geheilt. Wir haben nicht verstanden, warum er weinte, was seine Probleme waren und haben ihm die Möglichkeit verweigert, sein Unwohlsein auszudrücken."
"Ich verstehe."
"So sollten wir verstehen, dass die Krankheit das Resultat, die Frucht des Problems ist, aber nicht das Problem selber. Die Ursache der Krankheit liegt auf einer dynamischen Ebene, in der Lebenskraft selber. Wenn diese Lebenskraft nicht mehr im Gleichgewicht ist, werden wir krank."

Der Aufstieg — weiche Knie

Die Sonne stand schon relativ hoch, als ich mich endlich auf den Weg machte. Schon bald hatte ich den Bergkessel hinter mir gelassen und folgte wieder dem verspielten Bachlauf. Das Gurgeln und Plätschern beflügelten mich so, dass ich mich

zurückhalten musste, um nicht dauernd hüpfend den Weg hinunter zu tollen.
'Lebe so', hatte der Alte am Vorabend gesagt, 'dass du dich niemals schämst, wenn etwas, was du tust oder sagst in der ganzen Welt verbreitet wird', und hinzufügend meinte er, 'auch dann nicht, wenn es gelogen ist.'
Mit einem Satz versuchte ich über den Bach zu springen, schaffte es aber nicht ganz und landete mit einem Fuß im Wasser. Es war nicht tief und so spritze es nur wenig.
'Und vergiss nicht', erinnerte ich mich weiter, 'jeder Mensch, alle Ereignisse in deinem Leben sind da, weil du selbst sie angezogen hast. Was du damit anfängst ist deine Sache.'
Der Weg fiel jetzt steiler ab, was erheblich mehr Kraft erforderte. 'Bedenke auch', war er fortgefahren, 'dass es wohl die vornehmste Aufgabe der Erziehung ist, einen Menschen hervorzubringen, der fähig ist, das Leben in seiner Ganzheit zu erfahren.'
Erst als ich vom dauernden abwärts gehen, langsam weiche Knie bekam, legte ich eine Pause ein.
Von hier aus hatte man wieder diesen Weitblick, und ich stellte mir vor, wie es wäre, wenn man fliegen könnte. Von irgendwoher kannte ich dieses Gefühl, es war mir nicht fremd. Ich glaubte den Wind in den Flügeln zu spüren, so frei fühlte ich mich. Die einzige Last, die ich zu tragen hatte, war mein Rucksack, der bei jedem Rast leichter wurde.
Vergiss nicht, dass du Flügel hast, ging es mir erneut durch den Kopf.
Ich durchstöberte den Rucksack, um nach dem Buch zu suchen. Als ich den Deckel aufschlug, blätterte der Wind darin und offenbarte mir folgende Seite ...

Vom Wind

Manchmal streicht er dir sanft durchs Haar ...
als ob er dich trösten will ...
manchmal peitscht er dir den Regen ins Gesicht ...
als ob er dich wecken will ...
manchmal pfeift er dir um die Ohren ...
als ob er dir etwas sagen will ...
manchmal lässt er deine Kleidung flattern ...
als ob er mit dir spielen will ...
manchmal reißt er alles mit sich und hinterlässt Zerstörung ...
als ob er dich bestrafen will ...
manchmal kühlt er mit einer Briese deinen heißen Körper ...
als ob er dich lieben will ...
aber immer kündigt er Neues an ...

Der Abstieg ging bedeutend schneller, als ich angenommen hatte. Noch am selben Abend erreichte ich die Stelle, an der ich das erste Mal übernachtet hatte.
Und wieder schlug ich dort mein Lager auf, um eine letzte Nacht in den Bergen zu schlafen.
Ich verbrachte den Abend auf einem Fels sitzend, meinen Blick in die Ferne gerichtet, in mich hinein hörend. Es war die Ruhe, die es zu genießen galt.
Den kühlenden Wind auf der Haut spürend, betrachtete ich das wunderschöne Farbenspiel des dämmernden Himmels. Und wieder überkam mich dieses Eingebundensein, dieses alles umfassende Gefühl des Einsseins.
Es hat wohl keinen Sinn, jemandem von religiösen Erfahrungen zu berichten, der selbst keine hatte, er wird nie verstehen, wovon die Rede ist. Nur die direkte Erfahrung verschafft uns den Zugang. Selbst wenn man wissenschaftlich belegen könnte, was dafür verantwortlich ist, wird diese Erfahrung nicht weniger real, denn sie ist absolut. Nichts in der Welt kann sie einem streitig machen ... vielleicht ist sie das einzig Wirkliche ...
Vom langen Sitzen war mir der Fuß eingeschlafen. Jetzt kribbelte er beim Erwachen. Als er sich nicht mehr so dumpf anfühlte, kletterte ich zu meinem Schlafplatz hinunter und legte mich unters Himmelszelt, um die endlose Weite zu genießen. — Es gab so unendlich viele Sterne, alles Sonnen von unterschiedlicher Größe und Entfernung.
Ob es wohl da draußen Leben gibt?, fragte ich mich, die Decke zurecht rückend. Oder sind wir die einzige intelligente Lebensform, die einen fruchtbaren Planeten zur Verfügung hat? — Ein Stein drückte auf meinen Beckenknochen. — Das scheint mir unwahrscheinlich, denn wenn es vierhundert Milliarden Sterne gibt, wie viele Planeten müsste es dann geben? Ich warf den Stein zur Seite und rückte mich erneut zurecht. — Unsere kleine Erde sollte der einzige lebende Planet sein? Das wäre eine ganz schöne Platzverschwendung.
Mich mit diesen Gedanken befassend, lag ich bewegungslos da. Eine Fledermaus flog in wirrem Flug durch den nachtblauen Himmel.

Angenommen die Theorie stimmt, überlegte ich die merkwürdige Flugbahn beobachtend, und es ist wirklich alles aus dem Urknall entstanden, dann sind wir alle Sternenkinder.

Vom Alltag eingeholt — *Samstag 18. August ... 10.35 Uhr*

"Genau so zahlreich wie es verschiedene Berge gibt, sind auch die Möglichkeiten den Gipfel zu erklimmen", erklärte ich mir selbst.
In der hintersten Ecke ... im Keller verstaubt, fand ich ihn ... meinen guten alten Rucksack. Seit Jahren hatte ich ihn nicht mehr gebraucht ... ich nieste kräftig, als ich die Staubschicht weg wischte ... der Gedanke in die Berge zu fahren ... endlich aus dieser Beengung auszubrechen, gefiel mir ...
"Nur wer sich selbst nicht sicher ist, muss sich etwas beweisen", blubberte es hoch ...
Sicher, das Richtige zu tun, suchte ich nach dem Sackmesser ... dabei kramte ich in einer Schublade zwischen Scheren, Schrauben und Schnüren ... und wieder glupschte es aus mir heraus ...
"Erst wenn man die Knoten aus einem Seil gelöst hat, kann man die volle Länge nutzen."
Schon bald hatte ich das Nötigste gefunden und eingepackt ... ich schnürte den Rucksack zu und versuchte mir vorzustellen, wie die Reise wohl ausgehen würde, denn wenn man wissen will, ob eine Sache funktioniert, braucht man sich diese nur in Gedanken vorzustellen, kann man dies nicht, so funktioniert es auch nicht ...
Sofort tauchten Bilder auf ... dann der Gedanke, obwohl in unserem Unterbewusstsein schon alles verankert ist, was wir einmal erleben werden ...

Weisheit im Schafspelz — die zweite Stufe

Seit dem letzten Telefonat mit Dr. Jus hatte ich meinen Drogenkonsum wieder eingestellt. Einmal mehr hatte er es geschafft, mich wach zu rütteln.
Um mich selbst wieder auf den richtigen Weg zu bringen und meine gute Zeit in Erinnerung zu rufen, begann ich erneut Bilder von Dr. Bose zu malen.
Wenn man einmal ohne all die Laster zufrieden gelebte hat, findet man einfacher zurück. So erinnert man sich dann an die gesunden Dinge wie Wasser trinken und joggen gehen, als ob es sich um Genussmittel handeln würde.
Das Wichtigste, um von einer Sucht los zu kommen ist jedoch der Kick, das was einem den Antrieb gibt den ersten Schritt zu tun. Egal was es ist, es muss genug Kraft vermitteln, um die ersten Tage zu überstehen, danach macht es einen stark enthaltsam zu sein.
Schwierig wird es dann erst wieder nach der Zeit der Gewöhnung, wenn alles so normal wird, wenn einem niemand mehr besuchen kommt, weil man so seriös und langweilig geworden ist, wenn man das Gefühl hat, dass einem die Disziplin mehr abverlangt, als man dafür bekommt, wenn man sich auf einer Party nicht mehr richtig amüsieren kann und sich deshalb schon gar nicht mehr blicken lässt, wenn man seine berauschten Freunde zu beneiden beginnt und einem die Enthaltsamkeit sinnlos erscheint, wenn man Entspannung sucht aber keine Ruhe findet ... ja, das sind dann die schwierigen Momente.

"Das Problem einer Abhängigkeit oder Sucht kann nicht allein durch Beratung oder strenge Disziplin erfolgreich beseitigt werden", erklärte mir Dr. Jus entspannt in der Cafeteria der Homöopathie-Schule. "Man wird seiner nicht Herr, indem man das Ausweichen auf eine andere legal erhältliche Droge erlaubt. Die Homöopathie behandelt nicht diese oder jene Sucht, sie behandelt den Süchtigen. Zu diesem Zweck ist es nötig, eine gründliche Untersuchung des Leidens, der Ursache

durchzuführen. Homöopathen beziehen äußere und innere Probleme in ihre Überlegungen mit ein."
Er saß bequem zurückgelehnt in seinem Stuhl, beobachtete mich genau und hielt den Bleistift einmal mit der einen, dann wieder mit beiden Händen.
"Wenn unsere Gedanken gesund sind, ist auch unsere Erscheinung gesund. Wenn wir uns guter Gesundheit erfreuen, wenn wir in guter körperlicher Verfassung sind, dann bedeutet das, dass wir im Inneren Harmonie haben", er räusperte sich kurz, um sogleich fort zu fahren. "Wenn man in dem süchtigen Menschen Liebe zu sich und seinem Umfeld stimulieren kann, ist der Weg zur Heilung offen. Wenn dies nicht gelingt, wird nur eine vorübergehende Besserung stattfinden. Genügt Ihnen diese Erklärung für den Moment?", schloss er das Thema ab.
"Ja, danke."
"Übrigens, vielen Dank für Ihre Karte. Sie schreiben gut."
"Oh danke, manchmal überkommt es mich einfach und dann schreibe ich es nieder."
"Schreiben Sie doch einmal etwas über Homöopathie."
"Ich werde es versuchen."
"Schön, doch das ist nicht der Grund, weshalb ich Sie treffen wollte. Wir möchten einige der wichtigsten Homöopathen von Ihnen porträtieren lassen. Sie lebten zu Hahnemanns Zeiten, also vor gut zweihundert Jahren. Dementsprechend sind auch die Vorlagen. Zum Teil sind die Gemälde gut abgelichtet worden, andere sind sehr dunkel. Denken Sie, dass das machbar wäre?"
"Dafür müsste ich die Bilder sehen, aber grundsätzlich kann ich alles malen."
Er reichte mir ein dickes gebundenes Buch. Ich blätterte es durch und sah mir die Bilder an.
"Das sollte kein Problem sein", meinte ich meiner Sache sicher.
"Wir haben gedacht, dass Sie uns ein Muster malen. Die Größe wäre ungefähr ein A4 Format. Von der Farbe her dachte ich mir, dass wir es einfarbig lassen. Vielleicht in einem dunklen Violett? Was meinen Sie?"
"Das würde gehen. Ich werde Ihnen ein Muster anfertigen."
"Können Sie mir dann auch gleich ein Angebot erstellen? Es werden um die dreißig Bilder sein."

"Okay, das kann ich machen. Sie werden von mir hören."
Als ich mich verabschiedet hatte und das Treppenhaus hinunter ging, musste ich mich zurückhalten, um keine Luftsprünge zu machen. Endlich ging es wieder vorwärts. Das Schlimmste war überstanden. Es war, als ob bei meiner Rakete die zweite Stufe gezündet wurde. Die daraus erzeugte Kraft müsste ausreichen, um mich weiter von meiner Vergangenheit zu entfernen und in neue Gefilde einzutauchen. Zudem war es eine Möglichkeit mehr von der Homöopathie zu erfahren und gleichzeitig künstlerisch tätig zu sein.
Noch am selben Abend machte ich mich daran, etwas über die Homöopathie zu schreiben. Es fiel mir nicht besonders schwer, sondern sprühte geradewegs hinaus ...

Homöopathie

Homöopathie ist Weisheit im Schafspelz ...
sie ist wie ein Schmetterling auf einer Mohnblume ...
ein Schlüssel zur Seele ... Erkenntnis in Raten ...
Homöopathie heißt, es selbst zu begreifen ...
sich nicht mehr zu verstecken ... sein wahres Wesen zu erkennen ...
Homöopathie ist Weisheit im Schafspelz ...
sie ist ein Ticket zur Gesundheit ... Heilung von innen nach außen ... alles in einem ...
Homöopathie ist nicht immer einfach zu ertragen, dafür ist sie gut verträglich ...
Homöopathie ist wie ein Schmetterling auf einer Mohnblume ...
sie ist Weisheit im Schafspelz ...

Der Aufstieg — unerwartete Begegnung

Ein ungewohntes Schnaufen und Hecheln riss mich aus dem Schlaf. Kaum hatte ich meine Augen geöffnet, da streckte mir auch schon ein Hund seine Nase ins Gesicht und sabberte mich voll. Ich wischte mir das Gesicht ab und drängte den

belgischen Schäfer zur Seite, worauf er mich mit gutmütigen, verspielten Hundeaugen ansah.
"Ja hallo, wo kommst du denn her?"
Es war noch früh und die Vögel stimmten sich gerade auf das Morgenkonzert ein. Da, jetzt konnte ich Schritte unterhalb meines Lagers wahrnehmen. Der Schäferhund begann zu bellen, um seine Entdeckung zu melden.
"Was ist denn los, Raxa, was hast du gesehen?", hörte ich eine mir bekannt vorkommende Frauenstimme. Ich richtete mich mit samt dem Schlafsack auf, um zu schauen, wer es war.
"Ach du bist es, guten Morgen", begrüßte ich die Frau von der Tankstelle.
"Guten Morgen, du bist also auf dem Rückweg. Ich habe dein Auto unten gesehen, deshalb wusste ich, dass du noch irgendwo da oben steckst. Und wie war's? Hast du gefunden, wonach du gesucht hast?"
"Ja, mehr als das. Du hattest Recht. Ich denke, dass ich einiges hinter mir gelassen habe."
"Das freut mich für dich. Ich hoffe, du hast erkannt, dass Gurus und Meister völlig wertlos sind, wenn man auf der Suche nach der Wahrheit ist, denn sie sind immer noch ein Teil der Welt der Erscheinungen."
"Ja, jeder muss es selbst finden, man kann niemandem helfen."
"Genau, das Wichtigste ist wohl die Liebe zur Natur. Sie ist der Lehrer und wir sind die Schüler. Die Naturgesetze sind uns allen übergeordnet. Wir sollten versuchen, sie zu verstehen, denn die Natur währt ewig."
Ich streifte den Schlafsack hinunter und stand auf. "Hast du Lust auf einen Tee?", fragte ich, meine Knochen streckend.
"Nein danke, ich muss wieder los. Die Arbeit ... du verstehst schon."
"Schade, ich hätte dir einiges zu erzählen gehabt", sagte ich, als ob wir schon alte Freunde wären. Irgendwie kam es mir auch so vor, vielleicht weil ich seit Tagen mit niemandem außer dem Alten gesprochen hatte.
"Raxa", rief sie. "Raxa, komm zu mir", doch die Hündin schien das nicht sonderlich zu interessieren. Sie ging weiter den Weg entlang, schnupperte da und dort.

"Ich muss los", meinte sie. "Machs gut und vergiss nicht, die Wahrheit zu verehren und Mut im Herzen zu haben, denn du bist es, der Veränderung bewirkt."

"Wir sehen uns", rief ich ihr noch nach, dann verschwand sie hinter der Felskuppe.

Ich rollte meinen Schlafsack zusammen und verstaute ihn mit dem übrigen Kram im Rucksack. Dann kochte ich Tee und griff nach dem Zauberbuch, das ich absichtlich beiseite gelegt hatte, um es wie gewohnt vor dem Gehen aufzuschlagen.

Distanz

Kennst du die Geschichte von der Wespe, die sich in einen Raum verirrt hatte, in dem es nur ein Fenster gab, durch das Licht einfiel?
Hast du sie auch beobachtet, wie sie mit voller Kraft immer wieder vergeblich gegen die Scheibe flog, an ihr hoch kletterte und wieder flog, dem Licht entgegen, ohne inne zu halten oder aufzugeben ... hast du gesehen, wie eifrig sie damit beschäftigt war, nach draußen zu kommen, ohne zu merken, dass das Fenster leicht schief stand und somit genug geöffnet war, um einfach hinaus zu fliegen ...
War sie vom Licht so geblendet, dass sie den Luftzug nicht gespürt hatte, oder war sie in Panik geraten und verwirrt gewesen ... Vielleicht war auch ihr eigener Flügelschlag zu heftig gewesen, um die von draußen herein strömende Luft wahrzunehmen und den Weg in die Freiheit zu finden ...
Kennst du die Geschichte von dem Mann, der mit dem Staubsauger eine Fensterfront reinigte und dabei eine vertrocknete Wespe aufgesogen hatte, ohne um sie zu trauern und zu verstehen, dass auch seine Geschichte der der Wespe glich, die nicht die nötige Distanz hatte, um die Sache objektiv zu betrachten und daran zu Grunde gegangen war ...

Vom Alltag eingeholt — *Samstag 18. August ... 13.30 Uhr*

Noch am selben Tag machte ich meinen Wagen startklar, tankte ihn voll und fuhr los. Ich hatte schon einiges an Distanz zurückgelegt, als es mich sonderbar erschauern ließ ... als ob mich mein zukünftiges Ich berührt hätte ... seltsam ...
Was war denn das?
Eine Wespe musste während der Fahrt in mein Auto geflogen sein und versuchte nun verzweifelt, einen Ausweg zu finden. Da mir das dauernde um den Kopf Gesurre unangenehm wurde, hielt ich an, öffnete die Türe und scheuchte sie hinaus ... Sie brauste davon und ich setzte meine Fahrt fort.
Die Strasse führte an einem Einkaufscenter vorbei. Überall waren Werbeschilder und Plakate angebracht und als eine Ampel auf Rot stand, stoppte ich neben einer Werbung für die Zeitschrift 'Politik und Wirtschaft'. In großen Lettern stand darauf geschrieben: 'Wo wären wir ohne Politik und Wirtschaft?' Darunter hatte jemand mit Filzstift hinzugefügt: 'Im Paradies!'
Nach dem ich soviel Fettgedrucktes gelesen hatte, kamen mir wie das Aufstoßen einer längst eingenommenen Malzeit einige Gedanke hoch: Wir leben in einer Zeit, in der wir soviel Fettgedrucktes lesen, dass wir Gewichtsprobleme haben ... in der man Vampirfilme sieht und dazu Blutwürste isst ... in der es bei Präsidentschaftswahlen darum geht, wer wem einen geblasen hat ... in der wir durchdrehen und uns wundern, dass es uns dabei schwindlig wird ... Wir leben in einer Zeit, in der wir langsam zu schnell und schnell ...
Die Ampel schaltete auf Grün, ich fuhr an und versuchte das soeben Gedachte im Kopf zu behalten, bis ich eine geeignete Stelle zum Anhalten gefunden hatte, um es aufzuschreiben.
Da vorne war es ideal, ich fuhr rechts ran und suchte im Handschuhfach nach einem Notizblock. Schnell blätterte ich eine freie Seite auf und notierte die Zeilen.

Nach einiger Zeit wurde das Gelände hügliger, die Strassen kurviger und beim Anblick der immer wilder und rauer werdenden Landschaft, begann mich die Abenteuerlust zu packen.

Ich griff nach einem der vorbereiteten Sandwiches, ließ es mir schmecken. Etwas von der Sauce tropfte aus dem Sandwich und kleckerte mich voll. Ich wischte es erst von meiner Hose, dann von meinem Mund und um sicher zu sein, dass alles weg war, schaute ich noch in den Rückspiegel, da fiel mir ein: 'Schau in einen Spiegel und du wirst merken, dass du dir sehr ähnlich siehst.'

Der Aufstieg — zurück zum Start

Langsam entfernte ich mich vom Nachtlager und bewegte mich den steinigen Hang hinunter. Staub wurde aufgewirbelt, bei jedem Schritt, aber besonders dann, wenn ich ausrutschte und ein Stück hinunter schlitterte. Sand knirschte zwischen den Zähnen, die verschwitzte Haut war mit Staub verklebt und in meinen Schuh musste ein Kiesel gelangt sein. Ich fühlte mich wie nach zehn Tagen Texas.
Als ich es bis zu der Stelle geschafft hatte, an der ich das Buch vor noch nicht all zu langer Zeit, gefunden hatte, kam mir der Gedanke: In der kosmischen Erfahrung gibt es keine Linien, nur Kreise: Tag — Nacht – Tag, Sommer – Winter – Sommer, Entstehen – Vergehen – Entstehen.
Ich setzte mich hin, um meinen Schuh zu leeren. Die Vorfreude auf eine kalte Dusche machte sich breit, denn von hier aus konnte es nicht mehr weit bis zu meinem Auto sein.
Nachdem ich meinen Durst gelöscht hatte, schüttete ich mir das übrig gebliebene Wasser über den Kopf. Leider war es zu wenig, um wirklich erfrischend zu wirken.
Eines der wichtigsten Gesetze des Universums ist wohl, dass nur du allein den ersten Schritt tun kannst, dachte ich weiter.
Meine Haare waren schon wieder fast trocken, als mir die Idee kam, noch einmal einen Blick ins Zauberbuch zu werfen, bevor ich mich vollends von den Bergen verabschieden würde.

Die andere Wirklichkeit

Ich saß auf einem Hügel, von im Wind rauschenden Bäumen umgeben. Über mir zogen die Wolken dahin ... Mein Blick folgte einem Bussard der sich von der Thermik langsam kreisend in den Himmel hinauf tragen ließ ... Er wurde immer kleiner, bis er nicht mehr zu sehen war ...
Das Brummen eines Flugzeugs weckte mich aus meiner Träumerei und weit unter mir sah ich die Erde, einen Hügel und klein wie eine Ameise einen Menschen, der in den Himmel schaute, als ob er mich beobachten würde ... Ich spürte den Aufwind in meinen Flügeln, ließ los und versank erneut in Träumereien ...

Das kannte ich schon ... zum ersten Mal schlug ich eine mir bereits bekannte Seite auf ... War es die letzte? ... Hatte ich das Buch durchgelesen? ...
Ich blätterte darin ... durchsuchte es ... Tatsächlich! ... Der Kreis schien sich zu schließen. Ich kam zu dem Schluss, dass es das Beste sein würde, das Buch an jenen Ort zurück zu legen, an dem ich es gefunden hatte. Es sollte hier in der Einsamkeit weilen, bis es vielleicht eines Tages wieder von jemandem gefunden wurde. Das Buch zu behalten, wäre töricht gewesen, hätte es doch darauf hingewiesen, dass ich die Lektion des Loslassens nicht vollständig begriffen hatte.
Die Reise schien dem Ende nahe, alles deutete darauf hin. Bereit wieder einzusteigen ... mich erneut im Ganzen einzubringen ... dem Spiel des Lebens beizuwohnen ... machte ich mich unbeschwert und erleichtert auf den Heimweg. Bei der Vorstellung, wie erstaunt der Finder wohl sein würde, hier dieses Buch zu finden, ging mir ein Licht auf: Auf der Suche nach Neuem, wirst du Altes erkennen und verstehen lernen.
Als ich wieder im Auto saß und auf der Nebenstrasse Richtung Tankstelle fuhr, fiel mir der Ohrring wieder ein. Das mir das nicht früher aufgefallen war. Es muss ihr Ring sein. Sie trug nur einen heute morgen.
Da ich mich ohnehin von ihr verabschieden wollte, stoppte ich an der Tankstelle. Zu meinem Erstaunen traf ich aber nicht sie, sondern einen übel nach Schweiß riechenden Mann, in einem ärmellosen, weißen Unterleibchen, das die behaarte Brust besonders gut zum Ausdruck brachte und den Bierbauch geradezu phänomenal in Szene setzte.
"Können Sie mir sagen, wo die Frau ist, die sonst hier arbeitet?", fragte ich freundlich.
"Hier arbeitet keine Frau, das ist meine Tankstelle, und ich habe keine Angestellten."
"Aber gerade heute morgen habe ich Sie noch gesehen. Sie sagte, dass Sie zur Arbeit müsse. Sie ist etwa Mitte fünfzig, schlank und hat graumeliertes Haar."
"Ach die, das klingt ganz nach der früheren Besitzerin, die arbeitet schon seit Jahren nicht mehr hier. Ich habe sie auch nie mehr gesehen. Sie verkaufte mir die Tankstelle damals, als

ihr Mann in den Bergen umkam. Man hat ihn nie gefunden ... er blieb einfach verschollen."
"Wissen Sie, wie der Mann ausgesehen hat? Kannten Sie ihn?"
"Nur flüchtig, er war ein komischer bärtiger Kauz, verbrachte die meiste Zeit alleine in den Bergen. Aber wie gesagt, er ist schon lange tot."
"Vielen Dank für die Auskunft." Ich kaufte noch eine Cola, verabschiedete mich und stieg dann ins Auto.
Sonderbare Geschichte, dachte ich für mich, kramte den Ohrring aus der Tasche und hängte ihn zu den Federn, die ich am Rückspiegel angebracht hatte.
Das Netz einer Spinne erkennt man auch nur beim richtigen Lichteinfall, überlegte ich.
Dann startete ich den Motor, drehte das Radio auf und fuhr los.
'Don't look back' von Peter Tosh dröhnte durch die Lautsprecher.

Vom Alltag eingeholt — *Freitag 10. Januar ... 21.30 Uhr*

Und wenn ich mich durch meine neue Brille im Spiegel betrachte, so ist mir, als ob mein Gesicht nicht mehr zu dem Bild passen würde, das ich noch unlängst von mir hatte ... als ob es Zeit für eine Überarbeitung des Festgelegten wäre ... Zeit festgefahrenes zu eliminieren ... tieferes ... wesentlicheres auszugraben ... Weisheit zu manifestieren ...
Jugend ist ein Prozess, der durchlebt werden muss, um Reife zu erlangen ... Weisheit trägt man immer in sich.

Ich legte den Entwurf für die Karte, die ich vor geraumer Zeit an Dr. Jus geschrieben hatte, beiseite ...
Schon lange war ich wieder heimgekehrt und der Winter hatte Einzug gehalten. Es war eine bitterkalte, klare Nacht und ich wärmte meine Hände an einer heißen Tasse Tee. Ich war zufrieden mit dem Leben ... es war ruhiger als sonst ...
Soeben war ich von einem nächtlichen Spaziergang durch den Wald zurückgekehrt, genoss nun die Wärme in der gemütlichen Atmosphäre meines Heims und begann zu schreiben ...

Ruhiger als sonst ...

Sehr viel Schnee ist gefallen ... alles scheint gedämpft wie in Zeitlupe unter der weiß kalten Pracht verzaubert zu sein ... als ob die Bäume Hüte, die Sträucher Mützen, die Tannen Mäntel und die Stauden Decken bekommen hätten ... und was kriege ich? ... Kalte Füße ? ...
Der Schnee knarrt unter meinem Gewicht ... hinter mir erlöst sich ein schwer beladener Baum mit dumpfem Getöse von seiner Last ...
... sonst ist es ruhig, ruhiger als sonst ...
Die Dunkelheit vermag die Helligkeit nicht zu verschlucken ... selbst im dichten Wald kann man problemlos die Spuren der Tiere erkennen ... Geräusche gibt es keine ... nur das leise Rieseln auf meinem Hut ...
... sonst ist es ruhig, ruhiger als sonst ...
Die Kälte vermag einem nichts anzuhaben, solange man sich bewegt ... man kann den Atem sehen ... den Schnee riechen ...
... aber sonst ist es ruhig, ruhiger als sonst ...

PETER OSWALD, geboren am 12. Mai 1965 in Männedorf am Zürichsee, begann nach ausgiebigen geistigen Reisen zu schreiben. Lebt heute als freischaffender Kunstmaler im Zürcher Oberland und arbeitet als Grafiker für das SHI Haus der Homöopathie in Zug.

Diagnose: **Anaplastisches Astrozytom WHO Grad III**
Von der Entdeckung eines tödlichen Tumors, bis zur vollständigen Genesung, kämpft die Autorin gegen das Schicksal, die Umstände und nicht zuletzt diejenigen, die es nur gut mit ihr meinen. Dieses Buch kann Menschen, die in einer solchen Situation unerwartet alleine dastehen, helfen, ihre Lage zu erkennen und das Schicksal in die eigenen Hände zu nehmen.

Daniela Gschnaller-Obermoser
Mitten aus dem Leben gerissen
65 Seiten/11,80 €
ISBN 3-935202-26-1

Der Traum von den eigenen vier Wänden ... wer hat ihn nicht? Aber jeder weiß, dass so ein Haus auch eine Menge Probleme bereiten kann. Der Hausbau gilt unter Kennern als eines der letzten wahren Abenteuer! Nun, Jenny Zierold zeigt uns, dass man bereits beim Kauf eines Hauses und den geplanten Umbaumaßnahmen so einiges erleben kann.

Jenny Zierold
Ein neues Haus
70 Seiten/11,50 €
ISBN 3-935202-23-7

*Gleich viermal im Leben muss Peter Erhardt die Diagnose 'Hodenkrebs' entgegennehmen. Wie soll man mit der Verzweiflung fertig werden? Welche Therapie soll man wählen? Wie soll man die vielen Nebenwirkungen der Behandlung ertragen? Was wird aus dem Job ... ?
Dieses Buch beschreibt den wechselvollen Leidensweg und vermittelt damit ähnlich Betroffenen neben wichtigen Informationen auch Mut und Zuversicht:* **Hodenkrebs ist besiegbar!**

Peter Erhardt
Stehaufmännchen
194 Seiten/15,50 €
ISBN 3-935202-18-0

Wie um Himmels willen lebt es sich mit vier Kindern? Humorvolle Alltagseinblicke in einen Haushalt mit 4 Töchtern ...

Petra Huth
3,076923 mal mehr Liebe und Lachen als die Statistik erlaubt
120 Seiten/14,80 €
ISBN 3-935202-17-2

Der dritte Lyrik-Band von H. Tust: Die Autorin hat nichts von ihrem Charme eingebüßt und bleibt ihrem Motto treu: "Mit Humor lebt es sich leichter." Diesmal befaßt sie sich mit 'Urlaub' und 'Reisen'.

Hannelore Tust
Sonnenschein im Handgepäck
80 Seiten/9,50 €
ISBN 3-927442-92-5

Feinste Lyrik der romantischen Art.

Skypper
Ich schenke dir meine Gedanken
110 Seiten/9,80 €
ISBN 3-935202-15-6

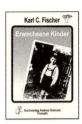  

'Erwachsene Kinder' ist der authentische Bericht über ein Kind, das sich nicht anpassen möchte und deshalb um seine Anerkennung kämpfen muß. Dies spielt sich vor dem Hintergrund des 2. Weltkrieges und der Nachkriegszeit innerhalb von fünf Jahren ab.

Die autobiographische Aufarbeitung einer psychisch belasteten Nachkriegskindheit: Zwischen den Reibereien und Spielchen um die Aufrechterhaltung der Fassade ist die kleine Johanna für ihre Eltern Mittel zum Zweck oder eine Belastung — was ihr bereits recht früh bewußt wird.

'Ein Job wie jeder anderer?' ist eine Erzählung aus dem Leben des Polizeialltags, geschrieben von einem Polizisten, der deshalb auch einen Blick hinter die Kulissen für den Leser preisgeben konnte.

Karl C. Fischer
Erwachsene Kinder
286 Seiten/13,50 €
ISBN 3-927442-44-5

Johanna Stein
Wildschweinbraten & Würfelzucker
290 Seiten/16,80 €
ISBN 3-935202-10-5

Josef Benn
Ein Job wie jeder andere?
180 Seiten/9,80 €
ISBN 3-927442-23-2

Dieses Buch ist locker-leicht geschrieben und dennoch voller Humor und einem Schuß Selbstironie. Die Pflichtlektüre für alle 'Lebenskünstlerinnen' und ihre Gegner.

Dieses Buch ist eine Liebeserklärung. Für die meisten Motorradfahrer ist ihre Sozia ein wichtiger Teil des Fahrvergnügens, aber was es bedeutet, ein Leben auf dem Rücksitz zu verbringen, wird im allgemeinen kaum ausreichend gewürdigt ...

Bezaubernd, amüsant, hinreißend erzählt und vor allem: Lehrreich für Männer, die noch nicht so richtig herausgefunden haben, wie man das Herz einer Frau erobert.

Ully Bauernfeind
Powerfrau — kleine Macken inklusive
176 Seiten/11,50 €
ISBN 3-927442-53-4

Peter Möbius
SOZIA — Geschichten über die Frau, die hinten draufsitzt
180 Seiten/15,50 €
ISBN 3-927442-87-9

Sabine Lüddecke
Eine Frau, eine Katze ... und was sonst?
70 Seiten/6,80 €
ISBN 3-927442-61-5

  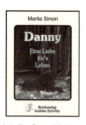

In 'SAM' vereinen sich Western und Liebesroman zu einer gelungenen Mischung. Die Autorin versteht es, Situationswitz mit feiner Beobachtungsgabe zu vereinen. Sie spürt auf, was sich in den Menschen und deren Leben abspielt, ohne dabei Spannung und Action zu vernachlässigen.

Tanja Kraft
SAM — wenn der Schein trügt
320 Seiten/15,50 €
ISBN 3-927442-93-3

Das Entsetzen hat im Alltäglichen die beste Deckung. Hier kauert es, lange unsichtbar und unentdeckt. Doch sobald es aus ihr hervorbricht, gibt es kein Entrinnen mehr.
Der Autor versteht es den Leser permanent der Bedrohung dieser Heimtücke auszusetzen.

Alexander Seck
Der Autofahrer
220 Seiten/15,50 €
ISBN 3-927442-88-7

Dies ist die Geschichte von einem Hund, der Herzen im Sturm erobert — die Geschichte einer ganz großen Liebe ...
So ganz nebenbei erfährt der Leser noch so allerlei aus dem Dorfleben ... Peinlichkeiten und Skurrilitäten, Liebenswertes und Unfaßliches.

Marita Simon
Danny - Eine ganz große Liebe
190 Seiten/13,50 €
ISBN 3-935202-19-9

Über dieses spannende Abenteuer führt die Autorin Kinder und Jugendliche an die Problematik der Massentierhaltung heran. Sie verzichtet auf Schockeffekte und detaillierte Hintergrundinformationen, um bei den jungen Lesern langsam und behutsam ein Bewußtsein für die Thematik zu schaffen.

D.L.M. Mench
Rettet den Gnadenhof
68 Seiten/9,80 €
ISBN 3-927442-28-8

Ein bemerkenswerter Thriller. Der einfühlsame Erzählstil der Autorin, die atmosphärisch dichte Schilderung und nicht zuletzt die faszinierende Story verleihen diesem Roman etwas Besonderes — ein gelungenes Belletristik-Debüt der erfolgreichen Sachbuchautorin.

Friederike Schmöe
Tochter-Seelen
148 Seiten/15,50 €
ISBN 3-927202-09-1

Bernard ist ein Poet, der sich darauf versteht einen Schuhkauf genauso dramatisch zu gestalten wie er es meistert, eine Weltkatastrophe ironisch darzustellen.
Sybille Forster-Rentmeister
(Herausgeberin der mehrfach preisgekrönten, zweisprachigen deutschkanadischen Zeitung >>Echo Germanica<<.)

Bernard Priest
Bernards freundliche Arschtritte
110 Seiten/11,50 €
ISBN 3-927202-20-2

Auch im Internet:

Besuchen Sie uns auf unserer Homepage und stöbern Sie in unserem farbig bebilderten Online-Katalog, mit zahlreichen Zusatzinformationen, Rezensionen, Leseproben, Autorenbiografien etc. Und keine Bange: Unsere Seiten bauen sich flott auf, Bilder werden nur auf Wunsch geladen — und dazu gibt es noch zahlreiche Links, die Ihnen bei der Suche nach Ihrem Lieblingsbuch weiterhelfen: Wir bringen Sie zum VLB (Verzeichnis lieferbarer Bücher), den besten Online-Buchhändlern und anderen Stätten der Literatur im WEB.

Falls Sie unseren Buch-Katalog lieber in Papierform wünschen, genügt eine kurze Nachricht:

Buchverlag Andrea Schmitz
Fax.: 04175/808654
eMail: buchverlag@aol.com